BOOTSTRAP LEADERSHIP

——50 WAYS TO BREAK OUT, TAKE CHARGE, AND MOVE UP

领导力培养
白金法则

[美] 史蒂夫·阿尼森（Steve Arneson）◎著

柳青◎译

美国顶尖
领导力教练的
50节
经典课程

中国青年出版社

前　言

在我的职业生涯中,曾有幸为不少出色的领导者工作过。尽管他们风格迥异,但具备一个共同特征——孜孜不倦的学习精神。他们给我挑战性的任务、成长的机会和及时的反馈,这一切对我的进步大有裨益。他们积极参与我的职业发展,指点我的业务和为人处世的风格,鞭策我逐步成长为一个优秀的领导者。令人更为印象深刻的,是他们非常关注自身的成长。在工作中,他们不断提高领导艺术,乐于承认自己并不是"万事通",重视自己在大家心目中的领导形象。我非常喜欢与他们共事。

我也曾在许多差劲的领导手下工作。虽然他们都有各自的问题,但也有一些共同之处,比如,与下属的成长相比,他们更关心自己的工作日程和外在的声誉;与做事的人相比,他们更关心事情本身的进展如何;他们不是向工作团队注入积极的能量,而是把它一点点地消耗殆尽。这些领导对反馈意见置之不理,坚持自己的领导方式,根本无心对其做出反思。毋庸置疑,我不喜欢在这样的领导者手下工作。

我之所以撰写这本书,是因为自己热切地希望能够帮助领导者充分发挥潜力,真正领悟到领导艺术的精髓。这些年来,我曾供职于一些非常棒的公司,负责领导力开发方面的工作,亲眼目睹了许许多多人由于领导力的提升而取得骄人的工作业绩。他们在这方面肯动脑筋,肯下工夫。现在,在我开办的经理人培训班中,也聚集了这样一群人,他们渴望获得反馈意见、重视制定发展规划、希望通过协调努力使工作更有成效。我认为你们也同样能够做到这些。

你如何成为出色的领导者,如何作出最佳的选择,如何用你的奉献和执著来提升能力、掌握技巧,如何收集并倾听反馈意见然后付诸行动,本书都将一一给出建议。归根到底,核心问题只有一个:如何成为一名出色的领导者?每个人都有提升的潜质,关键在于你是否为之不懈努力。如果希望在不久的将来成为一个高效的领导者,你就必须不断进步。没有任何人能够为你代劳,因为这是你的责任,这是你自我成长的必经之路。

努力提高你的领导力不仅仅是聪明之举,更是明智之举。诚然,领导层享有特权,但如何履行好这个职权却大有学问。无论工作在大公司还是小企业,只要与人打交道,你就有机会改变他们的人生。我对此深信不疑。但是,如果你本人没有学习和成长的意愿,那么就不能给他们的人生带来积极的影响。从这个角度而言,作为一个领导者,你的职责是把自己的发展之路当做范例提供给大家参考。

在我的职业生涯中,有机会带领过许多团队,对你们目前的处境曾感同身受。但非常美妙的地方在于:领导者是企业中最有成就感、最有意思的角色之一。带领一个敬业的团队工作实在是一种奇妙的经历,我曾有幸与几个执行力很强的团队合作过。我们共同取得的成绩令人难以置信,这一切都要归功于团队的成员们——是他们让我这个领导者光彩四射。我们在成长的道路上携手相伴,共同学习、取长补短、相互关怀。我深知,自己有时并不是一个出色的领导者。但我时刻不忘正视自己的责任——做一个坚持学习的楷模。书中的许多想法都来自于我的这些经历,希望它们对你的领导力提升有所帮助。

如何使用本书

这是一本关于领导力发展的入门书籍。书中提及的每个思想、工具和练习旨在帮助你提高领导水平或者增长一些新技能。大部分的想法和技巧都无须你花钱,能全部运用到你的日常工作当中。无论你目前处于什么领导岗位,是初级管理者还是高级执行官,本书中的内容都可以帮助你成为更杰出的领导者。

本书的引言部分阐述了自我发展的重要性,希望你对自己的领导能力有一个自我评估,作为你进一步发展的基准。本书设计的自我评估表可以帮助你去关注那些可能会对你产生巨大作用的章节。其余内容分成五大部分,每部分专门处理一个主题。

第1—10节是开始部分,一方面有助于你解答这样的问题:"你的领导形象如何?"另一方面帮助你发现特定的发展问题。毕竟,如果你希望提升自己的领导水平,了解他人对你的能力和行为的看法是非常重要的。这些章节还会引发你的一些思考,比如你的领导力发展历程如何？怎么向他人寻求管理风格方面的反馈意见？

第 11—20 节为你增加了几种新技能，在你的领导力工具箱中放入了一些建议和技巧。所有的领导者都应该持有开放的心态来提升自己领导方式中不尽如人意的方面。本部分的内容将帮助你成为一位更加高效和全面的领导者。

第 21—30 节鼓励你对周围的一切充满好奇心。这部分探索了多样性和创新性，以及如何激发你的灵感和新的构想。今天的领导者需要具备全球意识，而不能够只限于自己的公司或行业。这些章节中的想法旨在拓展你的视野，激发你和团队进行更多的思考。

第 31—40 节要求你超越底线，走出舒适圈。这部分鼓励你在公司中尝试新事物，增加曝光率。最好的学习经历在你的舒适圈之外，这些章节中提及的技巧将帮助你突破常规。

第 41—50 节提醒你一点：最终，这一切不是为了你自己——而是为了你的团队。拥有一大群的追随者并不是领导者的职责，他应该努力去挑选和培养接班人。这些章节帮助你寻找机遇来促进团队的学习和发展，使其达到新的高度。

我之所以设计 50 节的内容，是希望你一年中的每个星期都能够有新的体验（当然允许有几周的假期——你也需要时间来休息和思考）。如果你把本书从头至尾读完，或许就会对有些章节很感兴趣，有些新技巧恰巧能够用得上。如果你希望做出快速改变并想尝试各种方法，可以先作自我评估，然后根据你最迫切的发展需要选择阅读相关章节。在本书中，我已经标注出某些章节之间的关联之处，便于你在不同的思路之间建立联系。无论你如何使用这本书,你都一定可以从中获得立刻能够使用的工具和技巧。你还可以与下属分享其中的一些理念,帮助他们成长为更加高效的领导者。

如果你对他人负有责任——无论在什么层面上——那么你就是一个领导者。你应该为了他们(和你自己)去不断提高技能。你已经完成了最容易的一部分——买了这本书。现在,卷起袖子,准备大干一场吧——掌控你的领导力发展,开始提升你自己!

史蒂夫·阿尼森

弗吉尼亚州

2009 年 11 月

目 录／CONTENTS

第二章　在你的游戏中增加一些新元素

第三章　对周围的一切保持好奇心

第四章　走出你的舒适圈

写在前面的话

祝贺你决定让自己成为一个更加高效的领导者。你即将开始一段精彩的旅程,它将给予你丰富的知识、高超的技巧和从容的成熟气质。通过阅读本书,你就能够下决心掌控自己的领导力发展,并且创建个性化的学习日程。鉴于当下的经济气候和变化速度,你无法等待公司给你提供领导艺术方面的培训,你必须要自己来寻找办法。你不能只依靠上司的培训和指导,作为领导者,你需要掌控自己的发展轨迹。而且你不可能一年只上一次课,所以要考虑设定一个发展计划。不,你需要一个广泛而深入的学习策略和特定的行动计划。你需要立刻就行动。

不进则退

我们生活在一个非凡的时代。这个世界日益复杂,无论在商界还是社会生活中,大家越来越仰仗一个关键因素来帮助我们理清纷繁的头绪。这个重要因素就是领导力。无论科学技术、全球竞争、可持续发展或创新领域经历着多么惊人的发展,强大的领导力永远都不会过时。你必须了解这一点,因为你要以它为生,因为你就在第一线工作——联系客户、降低成本、创建绿色战略、调动和鼓励你的员工。如果你是某个公司的领导者（无论处于哪个层次）——无论是大公司、小企业、专业服务公司、学校、非营利机构或是政府机关——你必须持续学习和进步，否则你就无法跟上发展的形势。无论你身在何处，如果你不掌控自己的发展，谁又可以呢？

不要搞错了，现在的大环境是竞争性的，能够在竞争中保持领先的方法之一就是不断拓展自己的技能。你要按照这样的思路来考虑问题：你要用 10 年前的那些技能来应对明天的工作吗？大部分人恐怕连一天都坚持不了。因为你非常清楚，在你身后有大批睿智机敏、野心勃勃的管理者希望不断向前取代你的位置。如果你选择停滞不前，他们可与你不同。那么事情的结局会怎样呢？

事实上，如果你在公司中处于管理岗位或承担领导职责，你就需要不断学习新本领。这已经不再是维持现状的问题了——情况已经发生变化了。只有保持领先优势，提升自己的领导力，你才可以迎接那些你从未想到过的挑战。你需要掌控自己的发展轨迹，树立自己的领导品牌——也就是说："我愿意成为一位更杰出的领导者。"

你的遗产是什么？

究竟为什么需要领导者？作为领导者有什么引人注目的地方？我们可以有很多方式为社会做出贡献，它们与领导他人毫无关系。尽管这的确不假，但能够作为一个驱动力去帮助一群人完成卓越的事情的确很了不起。我对领导力的理解是：它的目的是人的发展，而不是目标的达成。是的，你要努力完成任务，这是团队或组织存在的理由。但是，领导者所引领的并不是高楼大厦，不是电脑系统，也不是财务预算，而是他们的下属。对我而言，领导力的作用就是帮助他人做到最好。

我在培训中常常会给那些高管提出这样的问题："作为领导者，你希望给后辈留下什么样的遗产？"这是个常见问题，但许多领导者回答起来都有些困难。通常来说，如果他们能给出答案，往往是这样的思路："一个可以做好事情并关心下属的人。"没错，这是个相当好的答案。但除非你发明了某样非凡的东西或策划了一桩大的并购，**没有人会记得你的具体成就，他们记得的就是与你共事时的感觉**。难道你不相信吗？五年前的这个月你在做什么具体工作？两年前呢？你能想起那份精确的电子表格或那份出色的业务汇报吗？那么再回忆一下，两年前谁是你的上司？两年前你的团队中都有哪些成员？你很容易记起来，对吧？事实上，大部分人想起你的领导风格都是出自一些本能（他们为你工作的感觉如何），而不是你取得的一些具体成绩。

我用个例子来说明这一点。在我开办的领导力发展培训班上，我要求参与者做一个"最好或最差上司"的练习。我把参与者分成一些小组，让他们讲述自己遇到过的最好的上司，以及留给他们的印象。他们的回答几乎都会与个人接触相关联，这些上司如何给予他们挑战、培训和授权，使他们获得成功。在大家谈到那些帮助他们成长和发展的上司时，屋子里充满了积极的能量。而当他们谈及遭遇过的最差劲的上司时,气氛就转变了,打个比喻,就像是幽灵笼罩着房间。我听到一些令人不爽的上司的故事,他们会冷落、羞辱或苛求下属。大家的一致看法就是:"这些上司不关注我作为一个人的感受。"

你在直接下属的记忆中是什么形象呢? 是一个他们遇到的最棒的上司还是会跻身于"我遇到的最差上司"的行列当中呢? 这完全取决于你。你是否树立了一个美妙的愿景并创立了一个成功的策略? 你是否为卓越设立了很高的标准? 你是否激励下属去成长和进步? 你是否有效授权,从而把更多时间放在管理而非执行上面? 你是否在公司内充分发挥了你的领导力? 如果答案是"做得不够好",那么就读一读这本书,它会帮助你走向正确的轨道。

每天都有所收获

作为领导者,每天获得一点进步是完全可能的事情。如果你愿意投入时间,就能真正去学习、实践和运用新的技能(或磨炼已经掌握的技能)。领导艺术的发展是没有止境的,你可以收获更多智慧、耐心和成熟。你能够变成一位很好的倾听者,一位更加有效的教练。你的进步越大,你作为领导者就会越有自信。一旦赢得了信心,你就乐于去成长,从而获得更好的效果。进步、信心和效果——现在这就是你为之兴奋的成功准则。你可以做到,你可以把领导水平发展到更高层次,而且在这个过程中也锻炼了你的团队。从下面的自我评估做起,然后开始形成你的个性化领导力发展规划!

关于领导力:自我评估

领导力包括 50 个提高领导力的观点、工具和技巧。因为每位领导者有不同的优缺点,我设计这个自我评估表是为了帮助你分辨书中的哪些章节适合你的特殊发展需要。

选出你的答案,然后寻找能够帮助你突破、掌控和提升领导力的相关章节。

a. 根本不; b. 有一些; c. 非常肯定

1. 我记得自己曾在何时、何地、使用何种方式学习过领导力课程。

2. 我对自己的工作关系网有清晰的了解。

3. 我知道同辈和直接下属如何评价我的领导形象。

4. 在个人发展问题上,我能够严守纪律。

5. 导师在我的职业发展中扮演着重要角色。

6. 我经常与一些同辈讨论个人发展问题。

7. 我很注意利用自己的优势。

8. 过去公司的同事一直激励我不断学习和成长。

9. 我心态开放,乐于看到事情的方方面面。

10. 我的团队对我们存在的价值和努力要达成的目标有清醒的认识。

11. 我认为对领导力的个人理解非常重要。

12. 我制定了详细的领导力发展计划。

13. 我学习新技能的方法是深入了解相关主题。

14. 在给团队授权方面,我做得不错。

15. 我的同辈和直接下属会说我是个好教练。

16. 我发现了阅读最新商务书籍的价值。

17. 我在日记中记录自己的领导力见解。

18. 我下工夫理解一些关于领导艺术的基本理论。

19. 在与团队和他人的沟通过程中,我会通过故事来表达自己的观点。

20. 与我共事的每个人都很明白我的个人价值观。

21. 我了解员工的文化背景。

22. 我对于公司的各个部门的工作内容都很了解。

23. 我密切关注自己的专业人际网络。

24. 我关注最新的领导力发展动态。

25. 我很关心下属的个人生活。

26. 我认为与供应商和顾问的定期会面很有价值。

27. 我了解主要竞争对手对我所在公司的影响。

28. 我及时关注其他组织机构做得最好的案例。

29. 我的爱好之一就是创新。

30. 我找到了把工作之外的教训与我的领导力发展相联系的途径。

31. 我愿意尝试新行为和不同的做事方法。

32. 我定期反省自己的缺点与局限性。

33. 我愿意参加当地的交际活动。

34. 向公司中的其他部门谈起我的团队是个挺开心的事情。

35. 我乐于向上司申请新的、不同的任务。

36. 我愿意阅读公司的财务报表。

37. 我对于完成一个漂亮的商业项目很有信心。

38. 我了解自己的健康状况对工作表现和效率带来的影响。

39. 我能够想象自己置身于一个不同的领导岗位。

40. 我愿意让团队成员评价我们的产品和服务。

41. 我对自己向高管展示团队方面的工作很满意。

42. 我乐于主动投入一些时间和知识在工作之外的组织上。

43. 我愿意给上司和同辈传达反馈意见。

44. 我会把黄金时间留给自己下属带领的团队。

45. 我会高效支配自己的工作时间,把精力放在大事上。

46. 我愿意在公司内部教授一门正式的培训课程。

47. 我花时间反思自己的领导影响力。

48. 除本职工作之外,我会承担其他的领导任务。

49. 与他人谈话时我全神贯注并仔细倾听。

50. 我正为自己承担新的领导岗位做着准备。

关于领导力:自我评估指南

在自我评估表中罗列的这些条目直接与本书的 50 个章节相对应。例如,第 35 条代表着在第 35 节中涉及的内容。针对你选择了 a、b 或 c 的问题,要集中精力于相关章节给出的提示、想法与建议。

你也可以把自己的发展需要放在更广泛的层面上予以定位,看看构成每个类别的 10 个具体条目所反映出的综合评估。

1—10 条:你的领导形象如何?

这部分内容涉及对你的领导风格的意见和反馈。

11—20 条:在你的游戏中增加一些新元素。

这部分内容建议你把新的技能添加进领导力工具箱中。

21—30 条:对周围的一切保持好奇心。

这部分内容给你一个新视角,看到办公室外的世界。

31—40 条:走出你的舒适圈。

这部分内容挑战你的冒险精神,让你打破常规。

41—50 条:不是为了你自己。

这部分内容给你提供了一个理念:让你的领导力服务于他人。

第一章

你的领导形象如何?

你已经决定来认真研究领导艺术,真是太好了。世间万物是不断变化的,持续提升自己才是明智之举。但是究竟应该如何开始呢?这里我有一点建议:了解一下自己在大家心目中的领导形象。事实上,在你为自己获得进一步发展感到激动的同时,会有很多人从中获益,包括你的同辈、上司,尤其是你的团队成员。从征求他们的意见开始,是个不错的选择吧?的确,获得意见反馈是提升领导力这场游戏的起点。

那么哪些方面需要得到提升呢?不妨问问你周围的人,他们对你的领导技能有何评价?哪些有效果?哪些没作用?在他们眼里,你是否有能力把团队带向正确的轨道?他们对于你提高领导技巧方面还有哪些建议?如果你能真诚地去询问、倾听反馈意见,他们便会告诉你需要努力的方向。

然而,只是询问他人的意见还不够——你还需要和自己进行一些坦诚的对话。你的事业把你引向了何处?你一路走来有哪些收获?哪些观念曾帮助你获得成功或者导致你的失败?你感觉哪些方面做得不错,哪些方面还需要提升?你相信通过自身努力就可以培养新的行为习惯,还是需要一些他人的帮助?你的人际关系怎么样?在此过程中,你该到哪里去寻求他人的支持呢?

这部分内容可以帮助你找到上述问题的答案。现在就开始去征求他人的意见,开始反思自己的领导力品牌,这就是起点。深呼吸,保持开放的心态,依靠自己的努力去获得成功吧!

第 *1* 节
你到过何处?
——梳理你的领导历程

"如果你不知去向何方,你脚下的路会带你到某个地方",我欣赏这句话,因为它不仅能让陷入迷茫的你继续前行,同时它也在大声疾呼:"井井有条地作出规划吧!"无论你的计划是关于一次旅行还是关于个人领导力发展,这句话都不失为一句箴言。任何值得尝试的精彩旅程都需要我们好好筹划。假如你准备利用一个 6 个月的假期去攀登珠穆朗玛峰,应对这样一次探险,不去做周密的计划简直是难以想象的事情。你也无法做到不去关注其他登山者的情况,无论他们是否登顶成功。你会汲取他们经历中的所有经验来准备自己即将开始的旅程。显而易见,借鉴前人走过的路可以帮助你看清未来之路。

这样的方法同样适用于你规划领导力发展的第一步。你应该做的第一件事就是回顾自己的领导生涯。你是否经常这么做?你是否善于总结过去的经验教训?你应该这样做。一个不知道吸取教训的领导者注定还会重蹈覆辙。作为一个管理者,你经历过哪些关键时刻?你是如何应对的?哪些方面做得还不错?哪些方面还有提升空间?其他人对此做何反应?你从何时开始感觉自己像一个真正的领导者?最重要的一点是,你从这些关键时刻中都学到了什么?

领导艺术当然是个人体验。虽然从中获得的教训可能是共通的,但每个情境的细节都使你的故事独一无二。所有的领导者都会记得那些对自己而言的重要事件,有些给了我们深刻教训,有些令我们受益匪浅。或许你认为自己是正确的,而勇敢地与老板对峙,或许你没有解雇那位差劲的员工,或许你支持的员工最后成为一个明星,或许你听取了反馈意见并认识到自己的确需要改变领导作风。

有些教训涉及其他人,能够反映出你的一些行为模式,比如无法对同辈施加影响或与之建立和谐的关系。还有些教训涉及你自己的判断力,因为你乐于承担一些预期风险,所以一次重大的决策造成了判断失误或错失良机。你的职业生涯中,一定作出过许多正确的决定,也经历过许多艰苦的挫折。这些事件都是检验你作为领导者的试金石,也是你领导生涯中的里程碑。过去的领导经验会对今后的发展有所帮助,换句话说,你走过的路决定了你将要去向何方。反思了过去的领导历程,你就可以制定出发展规划来充分利用你的成长空间。

写下你的领导历程

规划自己的发展之路有一个简单易行的办法。从你第一次做领导开始,写下公司名称、你的职位名称以及任职的时间段。还记得你第一次担任领导职位的时候吗？当时你为获得这个机会而感到激动不已吧？或许还有这份责任所带来的惶恐之情？你大概做过几件正确的事情,同时也会犯几次错误——第一次当领导通常都会这样。回忆一下这份工作,想想期间发生的两三件最重要的事件是什么？想想你从这些事件中得到的最大收获是什么？把它们写下来。花些时间反复琢磨,用简单的几个词提炼出思想的精髓。好,继续回忆你的下一个岗位,重复同样的过程。做完这个练习之后,你就应该可以清晰地追溯自己的领导历程,并记录下其间经历的关键事件和吸取的经验教训(见图表 1)。

图表 1:我的领导历程

领导角色	关键事件	获得的教训
1992-1995： Johnson&Sons 主管	获得提拔,可以行使管理职责	当领导是不一样的体验;下属会考验你
1995-1998： Acme Company 经理	我的老板不值得信赖;1997年解雇了斯坦	事实胜于雄辩;你必须对自己高标准、严要求
1998-2001： ABLE Co市场总监	被冠以"事必躬亲的管理者"名号	给团队授权
2001-2005： Horizon 销售副总裁	领导整个合并过程;发起一个新的市场战略;与吉姆在公司外发生争执	下属需要充分的理由才会相信你;有时你需要冒风险,有时需要耐着性子去了解事实
2005-2007： NTS 高级副总裁	接管产品团队	永远不要停止学习
2007至今： NTS 执行副总裁	获得提拔	保持谦虚才能让大家追随你

把你的这些领导经历做成幻灯片的形式或者凭借记忆慢慢讲述出来，与你的上司、同辈和团队共同分享。如果你所在的公司规模很大，你可以在部门员工大会上讲给大家听。这样的做法可以让你一次获得三种强大的领导工具：反思、讲故事和终生学习。带着你的听众走进你的领导生涯，这些故事能够反映出你的领导哲学，它们使抽象的经验教训教得鲜活生动，并为你赢得大家的赞誉。怀着自豪的心情与人分享这个历程——因为这些经验教训对你产生过巨大影响，坦率地承认它们，表明你拥有开放的心态去面对未来。

在我的培训课程中，曾帮助许多领导者设计发展规划，这些过程非常有意义。人们之所以钟爱框架结构是因为它带给人真实可靠的感觉，所以使用这个方法对领导者非常奏效。领导者往往以"难以琢磨"著称，而个人历程可以展现他们常人的一面。有时，与我共事的那些领导者也存在为难情绪，有些人认为这样做是在炫耀自己的历史，有些人则后悔自己作出的一些选择。事实上，这段历程只属于你自己——它们就是你人生的一些驿站，不必为之感到抱歉。每一段经历都有助于造就今天的你。更重要的是那些危机事件和经验教训——它们值得你重视，而且对听众来说很有吸引力。

把你的领导经历讲给大家听，这样的做法可以让你一次获得三种强大的领导工具：反思、讲故事和终生学习。

审视了自己走过的历程和学到的经验，你便可以更好地规划

未来发展的路径。你需要学习哪些领导力课程呢？你需要避免哪些陷阱呢？你需要把哪些经历加进自己的故事当中呢？把你的领导历程记录下来，讲给大家听吧，这样就能设计出更清晰的路标来规划自己的人生。

梳理你的领导历程

1. 通过总结重要经历和经验教训来创建自己的领导故事，挑选出其中的难忘时刻，尽可能详细一些。

2. 与人分享你的领导历程——练习讲自己的故事。

3. 利用过去谋划未来——你还需要（和想要）学习些什么？

第 *2* 节

拉起一张关系网

——评估你的工作关系

　　工作从根本上说就是一系列的关系。与你共事的每个人都代表着一种独特的联系,这些联系叠加起来代表着你的工作关系。因为网络是流动的,每次与人交往的过程都可以强化联系,如果遇到新人,也可以添加到你的网络当中。强大的网络会对你的职业有所帮助。那么你是否在尽全力创建自己的网络?目前你的网络状况如何?——你太忙而无暇顾及此事?我过去也常常这么说。只专注于完成工作,而不去与同事和同辈们见面或联络,更没空去顾及那些目前视线所不及的人。这种错误会带来严重的后果。我们都需要留意自己的网络,因为不知何时就可以用得上。

　　每天你都有不少机会把熟人变成同事,把同事变成朋友,把朋友变成真正的合作伙伴,帮助你取得成功。这一点是毋庸置疑的——人际关系对于想做成事情的领导者尤为重要。**你拥有越优质的关系资源,你的工作成效就会越明显。**你需要仰仗这些关系来获得成功,因为你无法挥动手中的魔棒,去营造完全崭新的人际关系网(除非你离开现在的岗位,开始全新的职业——这个问题我会在另外的章节中说明)。

评估你的人际关系质量

这里有个小练习可以评估你的人际关系,反过来,也能帮助你决定在哪些方面需要加以改善。在一张大纸上按下面的描述画个图表:在正中间写下你的名字,在它的周围画出 5 个逐渐增大的圆环,在最外面的圆环上写下"极好",然后依次在其他 4 个圆圈上写下"很好"、"好"、"尚可"与"差"。现在,把你认识的人放在这个图表的相应位置。做这个练习的时候,请好好挖掘一下你的人际关系网,尽可能列出你能想到的每个人。领导者一般都会写下 40 至 50 个名字。每天与你共进午餐的好朋友被放在"极好"的圆圈里。你似乎已经对那位新同事有所了解了——暂时把他放在"好"的圆圈上。与你常常展开竞争的部门经理——老实说,你需要与他改善关系,最好就写在"差"的圆圈上。那个帮助你在业内建立了不错口碑的供应商,可以把他放在"很好"一列。这个练习的关键在于你要用近乎残忍的坦诚态度面对自己,不要给出过高的评级。

在你把人名添加到图表的过程中,请选用三种不同的颜色:一种颜色代表业务关系——那些与你日常共事的同仁们,包括你的团队成员、同一部门的员工等人。用另一种颜色来代表战略关系——那些与你有工作往来的部门员工(如采购、财务、人力资源、商业开发等)。用第三种颜色来表示外部的商业关系(如合伙人、供货商、顾客、委托方等)。添加了所有现有的关系人后,列出公司中你应该认识而不认识的人。或许还有那么一些人,你们只是偶然在走廊里打个招呼或者你知道其人却从未打过交道。把他们的名字写在这张纸的角落里,而不是出现在这个网络中(毕竟,你和他们还没有建立任何关系)。

网络图给你的启示

完成了图表后,静下心来分析一下它所代表的走向和模式。你最牢固的人际关系在哪里?如果位于业务区域,表明你可能太固守于自己的职能范围,而没有把关系拓展到整个公司。如果位于战略区域,表明你在公司是有影响力的,但或许需要把更多的精力投入到自己团队的发展方向和核心理念上来。如果位于外部区域,表明你的重心在企业之外,你更喜欢保持一定距离的外部联系,或者维持先前角色所带来的关系网。

关注一下标注在"尚可"和"差"圆环中的人数。你能为改善这些关系做些什么呢?针对每个关系人,制定一个具体的行动计划,目标是在接下来的30天中把他从原有的圆环移至关系更近一层的圆环中。针对那些你想建立联系的人该怎么去做呢?可以有计划地与之发生接触或合作完成一个项目。这两个行动计划都要明确指出,增加或改善某种关系对提升你的领导水平有何帮助。

如果你没有把工作关系看成是你的资源,那么就需要改变观念。人际关系如同其他任何一种技能或优势,都需要培养和发展。这不是你能在课堂中或书本上学到的东西,公司也不会在这方面为你做任何事。建立和培育人际关系是你的必修课程。如果你考虑提高自己的领导力水平,那么必须倚靠这些人的帮助和反馈。透过这个网络可以看出你的领导品牌代表的力量——你的人际关系网越强大,你在公司里的领导声誉就越显赫。

人际关系如同其他任何一种技能或优势,都需要培养和发展。

对你的工作关系作出评价,竭尽全力改善一些图表中级别较低的重要关系。这个简单的练习或许是全年当中你所做出的一份最重要的自我评估。因为在你忙于提升领导水平的同时,拥有强大的工作关系的支持是绝无害处的。

评估你的工作关系

1. 判断你的人际关系质量。要诚实——把每个关系人放在相应的区域。

2. 你要注意投资和经营人际关系。努力在 30 天内把最差的人际关系向上提升一个层次。

3. 一年做一次练习,设定一个目标,把新人添加到你的图表中。

第 *3* 节

全面了解自己

——发挥 360 度反馈的功效

　　吸取了领导历程中的经验教训,分析了工作关系网络,你就可以准备实施下一步:收集反馈信息,看看他人对你的领导水平有何体会。你了解他人对你的领导风格作何评价吗?你作为领导者的优势和劣势是什么?你知道上述问题的答案吗?你可能认为自己很明白,但只有一种办法可以确认。有一句关于领导力的格言是这样说的:"如果你想知道自己的领导力如何,回头看看是否有人在身后追随。"如果你只是一味向前看,就永远无法全面了解自己的领导水平。你需要不时地回过头去看看你的团队是否还跟随着你。在忙碌的同时,别忘记了解他人对你的感受。

　　这个评估领导力的工具被称为"360 度反馈"。这个过程包括你的直接下属、同辈和上司对你的领导风格和行为方式的综合评估。它往往运用定量调查的办法,采用匿名的书面形式予以呈现。专业的咨询公司将这些数据和书面评价整理成为一份详尽的个性化报告，继而由负责人力资源或领导力开发的专业人士提交给你并提供咨询。无论采用正式或非正式的操作程序，它都是一个非常不错的途径，来帮助你辨明对错、发现盲点、获取建议，进而提高领导技巧。它的有效性和高效性是其他评估办法无法比拟的。

如果你想知道自己的领导力如何，回头看看是否有人在身后追随。

从 360 度反馈中挖掘更多的东西

透过他人的眼睛审视自己的领导水平不仅需要很大的勇气，同时你还要有意愿去吸纳其中的负面反馈。你第一次拿到 360 度反馈意见的时候，一定会感到提心吊胆。我还记得自己最初看到这类报告时的感觉，紧张得根本不敢打开，非常担心他人对我的评价很差。然而，一旦我开始去阅读那些数据和评价的时候，就会放松下来，进而心存感激。结果证明，我曾作过很多正确的选择，而且从评估中获得了许多有用的、建设性的意见。迄今为止，我已经经历过多次 360 度反馈，每次都对我的职业发展有所帮助。无论你的公司规模大小，你都要乐于去照照镜子，看看在他人眼中的你是什么样子。这个过程无疑是令人恐惧的，因为你不可能喜欢他人对你的所有评价。你要了解，这实在是正常不过的事情，尽量去完成它并接受这个反馈的本质意义——他人对你的领导水平的真实体验。

你只要坚持四项基本准则,360 度反馈就能够成为你最好的成长经历之一。

首先,你必须选择那些能够残忍地提供真实反馈的人。让经理去帮助你选择不同类型的评估者,关键在于避免只挑选那些说好话的人。一定要涵盖那些曾与你持不同意见的人,这样你可以得到一个较为准确而全面的评价。不错,为了获得有效的结果,你必须把一些平日相处并不和睦的人全部吸纳进来,要求反馈者尽量做到诚实,并应该在事后为此向他们表达谢意。

其次,你需要有一个开放的心态,真心地去倾听这些反馈。仔细查看这些数字图表,在数据中寻找共性和差别。你的优点可以用在改正缺点上,因此不要低估他人对你优势的评价,了解你在他人眼中的过人之处与不足之处具备同等重要的价值。仔细检查不同类型评估者对你的反映,因为你极有可能在同辈和下属面前表现出截然不同的风格。对自己的盲区要有所体察——你看来是有效的行为,他人恰恰可能不这么认为。最后,要认真阅读书面报告,因为其中涉及大量真实的例子,往往很具有参考价值。你对其投入的热情越多,收获就会越大。必须要警惕自己最初的防御性反应,它会让你无法接受一些重要的改进建议。请记住,这些反馈就是一份礼物,你通过这个契机可以有所进步,不要抱有回避或躲闪的姿态。

第三,一定要把反馈意见变成一份可付诸行动的发展计划。准确找出两三个亟待提升的目标,看看一些具体行为在他人眼中和自己心目中的关系(见图表 2)。打印出你的计划,就发展目标征求上司的意见。如果你不说出自己努力的方向,他人很难注意到你的

图表 2:360 度反馈行动计划表

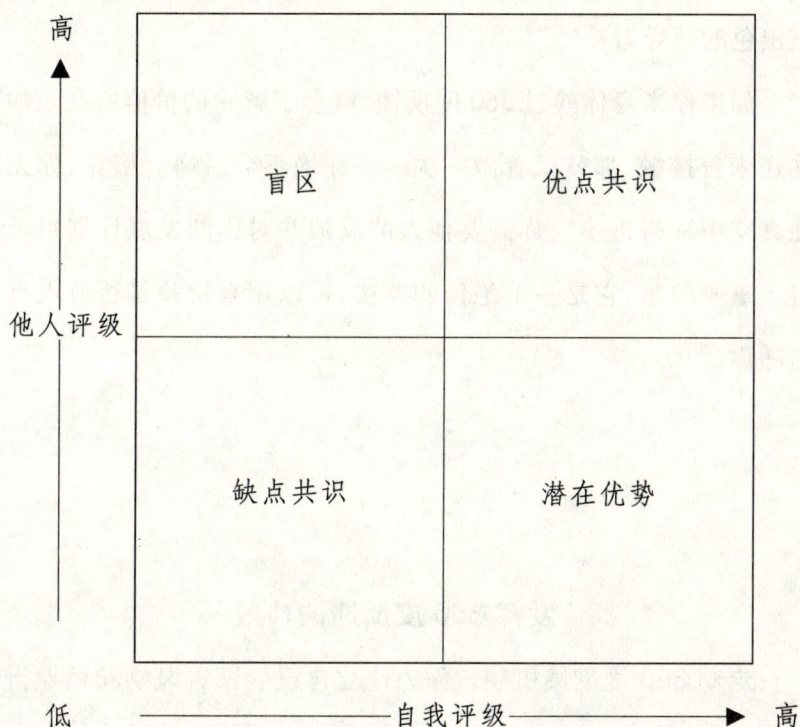

高

他人评级

盲区	优点共识
缺点共识	潜在优势

低 ——————————自我评级——————————► 高

进步,所以也应该与直接下属和同辈分享自己的计划。取得显著进
步的最好办法就是说出你的既定目标（关于发展计划的更多内容
参看第 12 节）。

　　最后,向你的直接工作网络寻求支持与持续反馈意见。在改进
领导行为的过程中,感谢那些评估者,并请求他们能继续提出建
议。你可以告诉他们,一旦发现你在达成目标的过程中不够努力或
者有倒退现象,他们可以随时给你打电话。你可以询问上司有关
360 度反馈的计划,如果条件具备,要积极加入这个计划中。如果公
司还没实施这种做法,你可以要求人力资源部或你的经理帮助你
选择一种在线评估工具。如果这也无法做到,就找一些接触较多的

同事直接征求意见，只要问他们一个问题："我如何才能成为一个更出色的领导者呢？"

如果你亲身体验过 360 度反馈，就会了解它的价值所在。如果你还未曾接触，那就试着做一次——你绝不会后悔。毕竟，你无法在真空中取得进步，你需要他人的反馈并对你的发展计划给予支持。重要的是，它是一个绝佳的办法，可以用来检验是否有人真正追随你。

发挥 360 度反馈的功效

1. 启动 360 度反馈机制，作为建立自己的领导风格和领导行为的基准。

2. 密切关注他人的反馈意见——控制好自己的防御心理，欣然接受反馈。

3. 感谢提供反馈意见的人，把他们列入你未来的发展计划当中。做友好大度的接纳者，让他人继续支持你。

第 *4* 节

你的私家侦探
——邀请一位同辈监控你的发展

可以说，你现在面临一项异常艰苦的挑战——它或许在 360 度反馈中已经有所显现，或许你的上司坚持认为你存在某种弱点。敏锐的感知力让你能了解到上司这一次是认真的，你需要修正自己的行为或做出其他什么改变。可能你并不确定究竟应该改进哪个方面，也不愿意去努力发现。你必须要对此做出改变——刻不容缓。你必须去审视自己的问题，让这个缺点永久消失。

于是你作出承诺……这不成问题。但你明白这会是一个棘手的任务。尤其在压力之下，你很担心自己又会倒退到老路上去。从根本上说，你不信任自己，因为你明白这个技巧很难掌控。这种类似的情形经常出现吗？好了，如果这个改变非常有必要，那么你需要一个安全网——一个确保你走在正轨上的办法。

建立故障自动监控系统的方法之一就是邀请一个同辈或同事追踪你的进展。让他定期向你反馈你取得的进步或存在的缺陷。必须要找一个你信任的人，能给你真实的评价，能对你的改变做出监督。把这个人当做你的私人侦探，你雇用他来监控你学习一些新技能。

无论谁来承担这个任务，他或她都应该乐于助人，当你运用一些新的领导技能时，必须出现在你身边。但究竟选择谁作为这个监督员的确是个难题。例如，如果你的发展计划中涉及改进自己在员工会议中的表现，那么你的侦探需要是一个能出席这些场合的同辈。如果你希望在上司的同辈面前或高层领导面前展示更多的领导风范，那么你的上司将是提供反馈的合适人选。如果你希望在员工会议上能做到少说多听，那么选择或指定一个直接下属来监督你的行为比较妥当。无论侦探是谁，你都需要在事后的第一时间获得反馈意见，从而来判断你是否达到了理想的效果。

我的一次亲身经历就说明了这个技巧的价值。很久以前，我曾在一个不太好沟通的老板手下做事。因为那时自己年轻，也不太成熟，因此遇到他在会议中出言不逊的情况，我常常无法保持冷静。我的面部表情（或许是长长的、深深的叹息）每次都会让自己暴露无遗，似乎在说他就是一个不折不扣的傻瓜。幸运的是，一个同辈提醒了我，说我越线了。当我直言不讳地表达不同意见时，他也会在桌子下用脚踢我。时间一长，他的提醒奏效了，我进步不小。

得益于这些值得信任的同事的帮助，我最终能以一种成熟而得体的态度来对老板做出回应。现在回想起来，我认为自己的确很幸运，能有人愿意给我指出缺点，并帮助我改变。如果没有那些反馈和帮助，我恐怕还继续走在危险的道路上。我的经历证明，这个办法的确奏效。

达成三点重要共识

在"雇用"侦探的过程中，尤其要注意三个因素：

首先，确保侦探完全明白你希望加强或改变的地方。向他解释清楚自己面临的挑战，并就时间、地点与次数等相关细节进行商讨。换句话说，确保侦探明白要去发现什么，如何找出你的行为、言谈、肢体语言等方面的细微差别。

其次，向你的侦探强调一点，在记录你的行为或向你提供反馈时越详细越好。比如，你希望减少自己在开始说话之前的口头禅"嗯"，那就让侦探每次都数出你说这个字的确切数目，之后你们再相互沟通。如果你希望改掉一些不合时宜的肢体语言或面部表情，就让侦探帮你计数或给出详细描述。

最后，向他表明你需要建设性的、原汁原味而且毫无保留的反馈意见。要求他密切关注你的每次相关举动。如果你刚好被撞到表现不好，那么就要倾听负面反馈意见并及时做出调整。如果侦探发现你已经实现了大部分目标，那么太棒了，坦然接受正面反馈，向他征求意见，怎样才可以表现得更为出色。你的目标并不一定是把劣势转化为优势，但必须使之处于中间区域，这样才不会阻碍你的前进之路。你确实想要避免那些可怕的劣势，不是吗？

只要你与侦探齐心协力，就有可能朝着发展目标不断进步。如果你想调整自己的日常行为，必须让侦探密切监控你至少一个月的时间。如果你在某个方面已经大有进步，就可以解放侦探的角色了。给侦探送个小礼物以示感谢,感谢他帮助你走向正轨。你们也可以互换角色,在公司中大家一起分享这个技巧。

找一个可信赖的伙伴给你经常性的、诚实的反馈,会使你的领导风格大有改观。

邀请密友、同辈或同事来监控自己的行为的确是帮助你快速成长的一个好办法。当然,如果想运用这个技巧,最好是选择一些易于被监控的行为。相比之下,关于态度和理念方面的改变,操作起来就很困难。因此,当你需要改变一种有挑战性的、可见的行为时,就可以考虑邀请他人来帮助你,找一个可信赖的伙伴给你经常性的、诚实的反馈,会使你的领导风格大有改观。

邀请一位同辈监控你的发展

1. 选择一个你信任的人来监督你在某个方面的进步。

2. 寻求真实而有建设性的反馈意见,然后毫不辩驳地接受,继而改进自己的行为。

3. 把这个技巧运用在改变看得见的行为当中,你可以获得直接反馈和持续监控。

第 5 节
学生做好准备的时候
——寻找一位导师

在提升领导力的过程中，最棒的一件事就是你无需孤独地行进在这条道路上。有一条古老的佛语是这么说的："学生准备好了，老师就会出现。"也就是说，当你保持开放的心态、愿意去倾听的时候，就会发现前辈会给你想要的答案。在当代商界，这个谚语用来阐释导师的概念再合适不过了。

我们很容易把导师的教导与当下流行的管理人员培训相混淆。在培训与教导之间有很多不同。培训帮助你进行自我发现，培训师善于运用提问的方式来拓宽你的洞察力。而导师则给你提出更多明确的建议和忠告。不管他身处公司内外，都很有可能是你工作关系中值得信赖的伙伴。两者的根本区别是，培训师帮助你自己去发现答案，而导师不仅回答你的问题，而且给予你特别的建议。这两种途径都可以帮助你成长（更多关于培训的内容，参看第15节）。现在，让我们仔细看看导师的作用，考虑一下如何利用好这种技巧,如何能在这种关系中获得最大收益。

如何挑选一位导师

导师就如同老师一般,因为他们给你建议并帮助你学习新知识和新技能。他们对你所作出的决定给予忠告,也会对你设定的形势或境况作出明确判断。如果你问一位培训师,"这里我该怎么办?"他们常常会说:"你认为该怎么做?"但如果向导师询问同样的问题,你就会得到一个比较明确的答案,或许还不止一个。导师会把它看做是自己的本职工作,去积极地帮助你从众多的选择中仔细筛选。

你如何去挑选一位导师呢?当然,有时是导师选择了你。如果你幸运地拥有一位经验丰富的导师提携你,给你建议,那么你算赚到了。如果公司中一位资深的领导者(尤其是德高望重的)愿意与你交朋友,务必要接受他。我的职业生涯当中曾经有过三次这样的经历,几位高级执行官(他们并非我的直接主管)对我的职业发展有兴趣,邀请我分享他们的知识和专长。尽管我们并未设立一种正式的拜访计划,但是,每当我面临重大的领导决议或职业选择时,都会给他们打电话或去拜访他们。我知道,如果能够事先与导师商讨一番,那么我在制订行动计划时就会更有信心。我甚至花过一整天时间尾随其中的一位,来感受他的领导风范和对他人的影响力。我知道他要花很多时间在不同的会议中来回穿梭,于是我想亲眼看看他如何保持旺盛的精力和热情。一天下来,我们一起探讨了他的诀窍，于是我获得了一些有价值的经验——其中一条就是在进入会场之前他会安静地冥思两三分钟。在办公室中，他闭目养神，整理思路，然后步入下一个会场。他说，这样做会让他忘记前一个会议，把精力集中到下一个上面。我会永远记得这个办法。尽管有些东西你原来读到过，但亲眼看到一位你敬佩的领导者这么做了，你会从中得到更多的启示。

是的，如果有导师主动找到你，当然很好。但大多数时候，你需要自己去寻求帮助。关键是在你亟待帮助的领域，找一些有见地、有经验的人。你要先弄清楚自己的瓶颈在何处，哪些方面需要指点，然后请求这方面的专家或有独特见解的人能够抽些时间给你。最容易的办法就是带着问题去找他们，直截了当地说："我非常尊敬您所做出的成就，非常想了解您的知识与经验。您是否愿意抽点时间给我一些建议，谈谈您的看法呢？"大部分高管都是乐于助人的，会很容易满足你的要求。

培训师帮助你自己去发现答案，而导师不仅回答你的问题，而且给予你特别的建议。

导师可以是形形色色的人士：有时他是你的前任经理或相处了好多年的同事；也许是一位公司内的管理人员；有时是你的同辈——你与他的关系很密切。大部分情形之下，你们并没有正式形成一种"导师契约"，只是双方都明白一点——你非常尊敬他，会经

常听取他的建议。还有些时候,公司会指派一个人做你的导师。无论在哪种情况下,你的导师都应该富有经验而足够成熟,可以帮助你作出重大决策。

无论你们是如何建立联系的,有三点要素对双方而言都是非常重要的:

首先,你要相信他的建议,否则,倾听就失去了意义。你必须寻找一位能讲真话、真心为你着想的人,然后告诉他,你在任何时候都需要他坦诚的意见。

第二,尽管师徒关系并不一定要正式确立,但你应该清楚自己希望从他的建议中得到什么。你只是期待与某人进行一场头脑风暴吗?你是真的对这个人的建议感兴趣吗?不要让你的导师去猜测你的想法,自己把要求说清楚。

第三,你不一定采纳他的建议,但需要善意地表达感谢。导师之所以会帮助你,是因为他欣赏你,希望你获得成功。不要辜负了这种关系,问问导师是否有可以效劳之处,这样可以让一种相互欣赏的良性关系持续发展下去。

如何更好地利用你的导师

如何更好地利用导师?这里有几种办法,都与你的领导力持续发展密切相关。首先,你有时需要询问他人:"我作为一个领导者,表现如何?"(这是第 1 节的重要问题)问问你所信赖的导师不失为一个安全的途径,来获取关于你的领导方式和行为的反馈意见。第二,如果你纠结在一个项目或一种关系当中,导师可以给你一些明确建议。他们可以帮助你为艰难的谈话做准备,为大型的演示作计划或者解决一个棘手的难题。如果你们在同一家公司工作,他们可以帮助你更好地驾驭人际关系或政治形势,若导师是高管的话,将会起到更大的作用。最后,导师能够帮你作出一些职业选择。如果你正犹豫是否换岗位或接受新任务,请务必先问问导师再作最后决定。

在职业生涯中,你也许会与正规的培训师打上一两次交道。而导师则不同,他会在日常的工作中给予你帮助。你应该拥有一两个可以经常去拜访的导师。如果你发现自己有这样的疑问:"我不知道比尔或玛丽对此事有什么看法",那么就需要去问问导师的建议了。即便你对自己的决定深信不疑,给导师打个电话也无妨——你很有可能会庆幸自己这么做了。

寻找一位导师

1. 邀请导师对你的领导形象作出评价。

2. 利用导师的经验,帮助你处理人际关系或掌控公司内的政治关系。

3. 征求了导师的意见后,再作出重大的职业决定。

第 *6* 节

像首席执行官那样去做
——建立私人董事会

　　有一个任务非常重要,它既不耽误你的本职工作,也无须你付出什么,但却让你受益匪浅。你可以与那些关心你的人共同合作,最棒的一点在于,工作主题也会激起你的浓厚兴趣——你自己! 还有比这更好的事情吗?

　　下面教你怎么做。首先,把自己当做一个公司的首席执行官或非营利机构的执行理事。毫无疑问,这样的高层领导岗位不好干。但他们也会得到来自各方面的帮助——其中一部分来自于固定的咨询小组,也就是董事会。董事会是个吸引人的概念,一群经验丰富的理事一年聚会几次,就公司发展事宜向领导者出谋划策并提供帮助。尽管董事会的规模不尽相同,但有一点共同之处:如果领导者取得成功,他们都有既得利益可以获取。他们对战略问题提供诚实的反馈意见,倡导职业道德和管理机制,核准有规划的风险投资或创新项目。

你的领导力发展之路与首席执行官或执行董事要达成的目标有许多相似之处。你们都需要确立一个大胆的战略(个人发展的必要条件之一)。你们都需要为至高的道德标准(体现在你的领导行为当中)而努力奋斗。最后,你们都需要有明确的计划,冒一些风险去追求创新。如果你希望工作顺利,就要遵守战略规划,就要建立一套你不能妥协的指导原则,就要去冒一些风险——像首席执行官一样。那么为什么不借用董事会的理念呢?下面教你如何去做。

选择不同类型的董事会成员

首先,确定4—5人进入你的个人董事会。这个团队需要做些什么事情呢?他们将会帮助你规划、实施及评估你的领导力发展状况。你可以先把自己的计划通报给他们并征求意见,然后要求他们追踪进展,及时提供反馈意见,最后评估结果。换句话说,你将建立一个组织来确保自己达成发展目标。当然,如果你宁可深陷迷茫也不愿意去谋求发展,那就另当别论了。但我相信你不会这样做的,对吧?

可以先从你的同辈、直接下属、扩展团队成员及矩阵管理者(你上司的同辈们)当中选择董事会成员。这些人熟悉你的工作,每天都能见到你,能够给你提供不同的意见和建议。不要选择你的现任上司(你已经从他那里得到足够的忠告和反馈了)。什么才是最佳组合要取决于你的发展目标。如果你希望变得更有耐心或者取得更好的倾听效果,就选择两三名直接下属或职位较低的人进入董事会。如果你希望更多地展示自己的执行力,请更多的选择矩阵管理人员。理想的组合大概是两位同辈、两位直接下属及一位矩阵管理者。因为你希望可以与他们当面沟通,所以最好从你目前的公司里选择董事会成员(尽管你更乐意"雇用"好朋友或前同事来承担这个任务,但不要这样做。这个工作应该由每天都能见到你的人来完成)。当然,一旦你考虑选择某人进入董事会,先要征求他的意见,看他是否对此有兴趣,进而获得他的承诺。

让你的董事会运转起来

这个承诺究竟是什么?董事会该如何工作?告诉董事会的成员,你希望一年中能够集体约见他们3次,每次大概1小时。第一次约会可以安排在业绩评估之后(如果你的公司没有业绩评估,那么就把时间确定在你制定年度发展目标之前)。第二次约见定在6个月之后,这样便于检查你的进展状况。第三次也就是最后一次见面确定在下一年度业绩评估之前,围绕你在过去一年中达成学习目标的情况,收集大家的最终反馈意见。

在第一次见面的时候,首先感谢他们能够关注你的个人发展,成为你的顾问团成员。然后和他们分享你的发展规划,寻求反馈意见。要求他们在这些特定领域观察你的表现,一旦发现问题,能提供建设性的批评或建议。第一次见面时就要征求意见,看看他们的想法是否对你所追求的目标有作用。第二次见面的主题是反馈:他们发现了什么?你在哪些方面表现得不错?你还可以在哪些方面做得更好？在第三次约见时,尽可能地多收集些信息,就个人的下一步发展咨询他们的意见。

如果你希望工作顺利,就要遵守战略规划,就要建立一套你不能妥协的指导原则,就要去冒一些风险——像首席执行官一样。

我第一次被提升为副总裁的时候,就运用过这个办法来检查自己是否达到了这个职位的标准和期望。我感到自己很需要经常性地真实反馈意见来评估自己的领导形象,于是,上任第一年,我邀请其他的副总裁来担任我的董事会成员。他们的建议都很管用,帮助我适应了自己的岗位。更重要的是,他们让我明白了如何成为一名真正的执行官。今天我依旧对他们的指导心存感激,是他们使我在晋升一大步之后还能脚踏实地地工作。

这个主意起初看上去似乎有些虚伪,即便是你的董事会成员也会感到有些奇怪。但你们面谈几次之后,事情就显得很自然了。你正在做的事情是要求一群人来帮助你胜任领导者的角色。这群人了解你,而且你的成功也可以让他们受益。无论你工作的企业大小,你都可以为自己做这样的尝试。正如首席执行官或执行董事利用董事会来强调他的发展策略和产品理念,你也可以利用私人董事会来评估你的领导力发展状况。试一试吧——你会发现,没有什么比你当众宣布提高领导水平的决心更加激励人心了。

建立私人董事会

1. 指定几个值得信任的同事,每年约见 2—3 次,共同讨论你的发展计划。

2. 在董事会上,把谈话内容扩展到你的发展战略或员工敬业度等问题,征求大家的反馈意见。

3. 如果这个办法奏效,就告诉他人。这么做将有助于你履行承诺。

第 7 节

走进领导力健身房

——明确并利用你的核心优势

目前你已经很好地理解了建议的价值。如果想拥有强健的体魄,你必须进行交叉训练,全方位地锻炼身体。如果爱好跑步,每天跑 5 英里是不够的,你还需进行举重和拉伸练习,让身体处于最好的状态。同样的道理也适用于领导力发展计划的实施当中。如果你把所有的精力都用于解决发展过程中所遭遇的挑战上面,你就忽视了作为领导者的最大财富:你的优势。如果希望自己能更上一层楼,你必须要确认自己的强项是什么。把优势当做自己的核心竞争力——因为它可以使你变得强大。在克服自身劣势的同时,不要忘记强化自己的优势。

了解并发挥自己的强项为什么如此重要?著名的现代管理学之父彼得·德鲁克认为,这是个简单的问题。1999 年他在《哈佛商业评论》发表文章《管理自己》,其中写道:"大部分人认为他们知道自己擅长什么,其实他们错了。在多数情况下,人们更了解自己的劣势——即使这样，犯错的人也会比能作出正确判断的人要多。然而，一个人只有凭借强大的优势才会有所表现。他不可能把业绩建立在劣势之上，更不用说建立在他根本不了解的东西之上。"[1] 德鲁克用意味深长的语言清晰地表达了这一理念：一个人只有凭借自身强大的优势才会有所作为。很有道理，对吧？如果浑身上下都是缺点，那么你不可能突破自己、提升自己并充分利用领导技巧。

把优势当做自己的核心竞争力——因为它可以使你变得强大。

因此，你需要走进培养领导力的"健身房"，借助你的优势进行发展。你的优势到底是什么？你在哪些方面比较擅长？试试通过回答下面 5 个问题来挖掘你的核心竞争力。

要对自己诚实

只有你对自己完全诚实，自身优势才会发挥作用。诚然，没有人比你更了解自己，但是有时我们会认不清自己的优势在哪儿。假设你要对自己的技能作一个全面评估，第一个问题是这样的："作为领导者，我的最佳品质有哪些？"是你的沉着冷静？还是你对老板具有影响力？是与大众沟通的能力？还是有远见和谋略？

回答这个问题可以帮助你诠释自己的领导形象。**用简练的语**

言写下你的每一个优秀品质。选出排在前面的4—5种品质(比如：创造力、耐心、乐观、正直、协作)。你确认了自己的优势之后，就要尽可能的多多利用。例如，培养人是你的长项，那么为何不多做一些指导和训练的工作呢？把那些耗费在琐事上的时间用在教育和培养新人方面岂不更好。

第二个问题是："我对自身技能中哪一项最为自信？"把技能看做是你综合领导素养的基础。哪些是你特有的、可依赖的技能？它们如何能帮助你获得想要的结果？你是否擅长设计演示报告(它会帮助你清晰地表达自己的想法)？把你的领导力分解成各种不同的技能，它们可以引导你作出正确的选择。你之所以能具备影响力并不是魔力所致，而是你拥有各种特有技能的综合表现。在这种情况下，你需要关注细节、分析数据、具备行业热情及政治敏感度。一定要把握住你最为自信的技能。如果你了解自己擅长设计幻灯片，那么你就应该明白制订计划、建立关系与倾听是你最为可靠的技能。一旦你明确了自己的特殊技能(列出最强的6—8项)，那么就该好好思考如何把这些技能组合起来表现出更棒的领导才能。例如，如果建立关系和培训是你的强项，你是应该沉溺在成天的发展会议中呢？还是应该负责一个注重细节和数据的项目小组呢？了解自己的技能，让自己在一个合理的位置上强化它。简而言之，可以用下面的问题来评估每一种情形："这个任务是否能让我充分利用我的技能组合？"

第三个问题是："在哪些情况下，我感到特别舒服？"和你的员工一起开会？和同辈一起头脑风暴？与老板见面？走在大堂或商店里？外出做销售拜访？进行公众演讲？了解自己最适合在什么场合工作与了解自己做事的强项同等重要。拿一个音乐家来说，他能演奏美妙的音乐——这是他的技能。但他并不是在所有的场合演出都能发挥出最佳状态。为什么会这样呢？技能没有变化，但环境变了。或许他更适合在小范围演出，或许他不喜欢在户外演出。关键是了解自己的舒适区域并充分利用，尽力去寻找自己能有出色发挥的环境。

接下来，问自己第四个问题：**"我能够教给他人什么？"** 如果成为老师或导师，你是否能立刻给人带来可信赖感？你在哪些方面是专家？围绕某项知识、技能或行为，你是否能轻松设立一个相关学习课程？如果做不到上述所言，那么就说明你对自己的了解还不够透彻或者你自己也弄不明白。

向他人询问自己的优势

在这个问题上不能只相信自己的看法，第五个问题也很重要："在他人眼里，我有哪些长项？"问问你的同事们，尤其是老板、同辈和直接下属。得到答案的途径很多，包括使用正规的 360 度反馈方案（参见第 3 节）或者使用电子邮件询问，但最简便的方法就是与他们进行简单的对话。午餐或单独见面的时候，只需要问问："我想知道自己哪些方面做得还不错，你可以说说我的长处都有什么吗？"找 6—8 个同事来做这项工作就会得到一个较为全面的认识。仔细倾听，然后感谢他们的坦诚相告。也许他人的看法与你原先的认识相符合，但也有可能从这些谈话中发现一些自己的潜在优势或盲点(参见第 3 节图表 2)。

无论你的优势是什么，关键是对它们要有清晰的认识，要对合理使用优势进行规划以达到理想效果。我们的确要仰仗这些优势进行自我管理，因为它们构成了我们日常行为和表现的基础。当你把眼光盯住自身缺陷的时候，不要忘记利用你的那些强项。毕竟，你的优势带你走了这么远——继续强化它们才是明智之举。

明确并利用你的优势

1. 把你的优势罗列出来——你在哪些方面表现优异。诚实地面对自己,设立一个较高的标准来定义你心目中的"优势"。

2. 通过他人的眼睛来看你的优势，问问他人你哪些方面做得特别出色。

3. 寻找利用优势的机遇，让自己置身于一个能全面发挥优势的环境当中。

第 8 节

回到从前

——向过去的同事了解你的领导水平

成为一个高效的领导者绝非易事。你不可能把所有的事都做得恰到好处。等一下，我们已经达成这样的共识了，你不是完人，对吧？你还有许多需要改进的地方，没错吧？这些问题大概已经存在了很长时间。这么说很抱歉，但既然你的领导优势长期存在，那么发展劣势也会常常出现。你一直都了解自己的缺点，对吗？回头看看第 1 节中你写下的领导历程。与大多数领导者相同，你也应该有一些需要改进的顽症。尽管你在不断学习新事物，不断提高自己，但你从根本上会坚持自己的行为方式，因为改变并不容易。今天你身上的一个缺点可能永远也不会转化成自身的领导优势，但要勇敢地去面对它。提升自己的第一步就是突破局限，掌控这个问题。

寻找过去的同事

如果你的确希望做出改变，一个有趣的方法可以帮助你认识到发展之路上的挑战有多大。回顾你的领导历程，就会发现你曾管理过许多人，当然也遇到过许多同辈与老板。如果你给他们打电话，向他们询问曾经与你共事的感觉，你会从中获得些什么呢？他们的观点（经过了多年的思考）会对现在的你有所帮助吗？他们所说的那些情况与你今天的领导风格相似吗？给过去的同事打电话，问问自己当时的表现是件很困难的事情吗？

在你说出"我绝不做那种事"之前，请先冷静下来思考片刻。这是一个千载难逢的机会。这些人可是对你的领导能力有真切感受的，受到过或积极或消极的影响。他们或许对你喜爱有加，从你这个领导者身上获益匪浅。但是作为领导，谁能不和他人发生一些冲突呢？答案是大家都会。但时空的距离有时能带来必要的反思和成熟，他们会就这个问题给出自己的观点。如果你努力去收集一些过去同事的看法，添加在目前的反馈意见当中。这不是个很好的办法吗？

体察过去可以帮助你了解自己的持久领导力，为未来的发展指明方向。

我经历过两次这样的事情，都是在我进入一家新公司之后。因

为感觉自己在他们脑海中的印象还是清晰的，所以我给那些刚刚分手的团队成员打电话询问意见。获得的反馈有点儿令我吃惊，一些我确信做的正确的事情根本没有被提及，而一些我担心的事情根本无关紧要。鉴于这种情形，我会针对如何带领好新团队，向他们征求一些具体的建议。他们的想法很棒，而且使我很快取得了成功。我真的庆幸自己向他们寻求了帮助。

如果你愿意尝试，就找5个过去的同事来评价一下你的领导水平。至少3人应该是你的下属，其余的可以找同辈或其他人。通过私下见面或打电话咨询——不要通过电子邮件的方式。有些人你或许多年不联系了，但不要为此担心。是的，你可能需要先找到他们，明确了这种理念，然后打电话询问。如果你一直与那些对你的职业有所帮助的人保持联系，那么就很容易找到5个人来完成这项工作。接下来，你该问他们什么呢？

询问三个问题

完成任务最容易的方法就是把它简化。首先，告诉他们你想做什么，询问他们是否愿意和你共同进行这次追忆之旅。你要表明自己希望把过去的优势和劣势与今后的发展结合起来，做一个更优秀的领导者。如果你们的关系特别好，要做好准备，恐怕会被自己的光辉历史炫到（要诚实地面对无尽的溢美之词）。如果你有勇气打电话给一个原先就有些摩擦的同事，那么一开始就要承认自己的确不是一个完美的管理者。这就表明，你对于过去的共事经历有着自知之明（这样做将会定下一个基调，你愿意敞开心扉倾听他们的意见，也能防止他们在你还没说正事之前就结束了通话）。

一开始你可以这样发问：**"当你为我（或与我）工作期间，我作为一个领导，哪些地方做得还不错？"**首先让他们把重点放在你的优势上，让他们自由地对你的领导风格发表意见，但要尽量谈及你的核心竞争力——哪些具体的能力对他们有所影响？

接下来，问他们：**"我做过的哪些事情让你困扰或带给你麻烦？"**换句话说，问一问："作为领导者，我有哪些方面还可以做得更好？"以这种方式询问自己的不足之处易于让他们接受。不要只是简单的要求他们回忆你的缺点，而是尽量激发起他们一些真切的回忆，便于他们说出当时的真实感受（我明白，你又一次感到这样做很困难，但坚持一下——勇敢点儿，你能做到！）。

最后问他们这个问题：**"总体而言，为我（与我）工作期间，你学到了什么？"**这是一个关于你的持久影响力的问题。无论好坏，你都很可能在他们的生活或职业生涯中留下一定印象，找找是什么。这是你从这个谈话中获得的最深远（和有意义）的价值。归根到底，你或许不可能对他们的人生再有什么改变，但你一定会对现在的和将来的员工产生影响。你与他们结束工作关系之后，究竟留下些什么，希望你能有一个清醒的认识。

如果你真的想评估一下自己作为领导者的影响力，就需要及时与原先的同事进行这次追忆之旅。体察过去可以帮助你了解自己的持久领导力，为未来的发展指明方向。你有可能至今依然保持着他们眼中的那些优点，也有可能你已经改正了他们眼里的那些缺点。至少,你又重新和一些老友或老同事取得了联系。即便是多年之后,谈起你过去的工作情形也可能是件丢面子或可怕的事情。但这种谈话也有可能是卓有成效的,会带给你美好的感觉。无论你有何种期待,多半是会经历这两种感受的。相信我,这个行为物超所值。

向过去的同事了解你的领导水平

1. 询问过去的下属和同辈与你共事的感受。挖掘出他们的看法,相信它们会随着时间的沉淀而变得成熟。

2. 寻找一些与你愉快共事的人,也要寻找几个与你有过摩擦的人。从他们那里获得一个有关你的领导风格的综合观念。

3. 抱着谦卑、大度和感激的心态。感谢他们的反馈意见,把它们融入你的努力当中,来提高自己的领导水平。

第 *9* 节

是否还有其他办法？

——面对你最固执的观念

谈到了解你的领导形象问题，有两个主要资源可以使用。当然最好的资源是那些对你的领导能力有过体会的人。本书在这一方面已经介绍了好几个技巧来收集并内化这些反馈意见，相信你能使用它们来全面了解自己的优点和缺点。做到这一点不容易，但你的职业发展才是首要大事，对吗？你需要明白——了解他们对你的看法是掌控自己发展轨迹的最好途径之一。

第二个资源可能更具有挑战性，因为那就是你自己。为什么这件事做起来如此困难？因为一个人对于自己的领导技能很难做到近乎残忍的诚实。大多数人在生活中都认为自己是个不错的司机，但实际情况往往不尽然，作为领导者的我们也是如此，心里所想与实际表现总有差距。然而，如果你阅读了本节内容，就会进行一些严肃的自我反省。到目前为止，你已经慎重审视了自己的人际关系，认清了自己应该从哪儿入手改善关系网（参见第 2 节）。乐观的来看,你对自己如何改善某些关系的认识也很到位。你还评估了自己的优势,明白如何利用它们成为一个更好的领导者(参见第7节)。此外,确立自身优势取决于对自我的公正判断——这里的优势是指那些的确出类拔萃的行为特征。

你有绝对把握的事情是什么?

这里还有一个自省练习来帮助你评估个人的领导力,当然它或许非常困难。列出那些你最死板和强硬的观点立场,看看你是否可以采取更开放和灵活的态度来重新思考。用长远的、建设性的眼光来审视一下你最尖锐的观点,看看它们是否有根据、有效果。所有的人都使用多年来形成的思维模式来指导自己的行为。你有顽固不化的理念和态度吗?这些固执己见的东西是否正在阻碍你的发展?你是否在与他人辩论某些话题时,他们说你固执或不易接受合理建议?如果情况真是如此,你需要对自己绝对诚实。去寻找那把魔镜来审视真实的自己——做这个练习需要它。"事实将会使你自由"这句话用在这里很适合。如果你能够仔细考虑一下那些最顽固的观念,那么在你的成长之路上,一切都有可能实现。

尽管有些人已经很清楚这个练习的目的,但我还是有必要详细阐述一下。伟大的领导者会在制定策略或作出决定之前,对事物的方方面面进行通盘考虑。简而言之,他们思想开明。他们能倾听不同的观点,如果事实具备说服力,就会改变自己的立场。结果,大家都乐意为他们工作,因为自己的声音可以被听到。是的,老板有可能是作出最终决断的人，但如果他们能持开放的态度对待其他观点，下属也会有机会参与讨论。作为领导者，你必须培养倾听的能力，尤其是考虑行动路线时倾听那些与你相左的意见。你不能执拗于自己的见解而不愿去做任何更正，否则就会出现问题。

在我的职业生涯中，曾有好几次因为我的固执而影响了工作效率。一个例子至今让我印象深刻：那段时间，我的固执浪费了很多宝贵的领导资本。很多年以来，我一直有一个坚定的看法，认为人才测评体系并不适用于内部晋升的候选人。通过正规的评估中心对现有管理者进行评定不如利用我们及时收集的数据来做这项工作。简言之，我认为晋升应该是与员工工作业绩相伴而生的副产品。对我不利的是，在与老板和其他高管的讨论过程中，我对自己抱有的这个观点不肯做出半点让步。结果，我失去了作为一个专家的公信力，还被当做是这次讨论中一个不成熟的参与者。我没能发现其他的可能性或状况，致使讨论逐渐走向死胡同。我们再也没有对晋升的候选人做过任何正式的评估。无论如何，我失去了一些东西。虽然以绝不动摇的决心坚持了自己的观点，但我在今后的这些讨论中丧失了一席之地，而且堵死了公司在这方面有可能探索出的发展之路。为什么我会如此固执己见？我无法解释清楚，但我知道自己这样做显得并不专业。现在，我领悟到，从长远角度看，采用更灵活和开放的态度或许可以为我赢得更多。

那么你列出的那些强硬的观点都有什么呢？你有顽固而不灵活的观念吗？你总是捍卫自己的立场吗？作为领导者，你是否也曾因为固有的观念致使团队会议无法进行下去？你是否也曾说过：

"我们试过了,但它不管用"或者"我们一直都是这样做的"。或许你一直对某种工具或软件心存偏见,或许你对老板或某个同辈有一些个人评价——这有可能成为最顽固的立场。在这些情形下,你可能不会去考虑他人的观点,因为你无法忍受从别人的视角看待问题,你对他人没有足够的信任和尊重。或许这属于一个哲学问题,你只是按照一定思路去考虑问题,而不愿意去寻找其他选择。一定要意识到这些危险的信号,不要允许那些固执的理念把自己封闭起来,使自己无法接触到崭新而不同的观点。

作为领导者,你必须培养倾听的能力,尤其是考虑行动路线时倾听那些与你相左的意见。

使用你的路线图

在你宣称自己是这个领域的专家之前,是否还有一些你愿意重新思考的问题?尝试下面的练习:在纸的左上角写下"我最顽固的观念",然后开始写并给它们编号,争取写下萦绕在你头脑中的每一个顽固的理念、态度和观点。接着,在纸的右上角写下"其他可能的现实情况",在每一个顽固的观念旁边列出2—3个选择,然后再对每一种选择分析利弊。

当你写完之后,就会得到一张完美的路线图,指导你用开放的心态来面对将来的讨论。你可以一开始就先去了解他人的立场,观察团队的反应,然后说:"我以开放的心态参与这次讨论,解决这个问题还有什么其他办法吗？"这是一个领导方式的转变。

我对你的建议是:身为领导的你不要说"你看这个问题的角度不正确"之类的话。这是褊狭的表现,因为看待事物的角度很多。采取诚实而客观的态度来面对你工作中那些固执的观念,看看自己是否对于不同看法毫不留情。换句话说,放大你看待世界的镜头,允许更多的光照射进来,那么你看到的世界也会异常精彩。你的同事一定会注意到这个变化,而你自己很可能也会享受这种状态。

面对你最固执的观念

1. 哪些观点和态度是你完全不肯变通的？列出所有顽固的观念(一定要诚实)。

2. 其他的观点有道理吗？写下你那些顽固观念的合理替代品。

3. 接受这种"可能性思考"。这是一种思考艺术,在自己作出决定之前,从不同角度来看待同一个问题。

第 *10* 节

我在如何驾驶？

——确立目标、任务与战略

如果你尝试了本书前 9 节所给出的理念，那么你已经开始收集有关领导行为和方式的反馈了。很好。现在你了解了自己的领导形象。你召集了一个私人董事会，找到了一位导师，评估了自己的优势，并核对无误。你诚实地面对自己的固执观念，有一位同辈可以帮助你监督特定的发展规划。太棒了。你竭尽所能地评估了自己的领导水平。但是还有一个因素需要考虑。

你是如何为自己的团队确立目标、任务和战略的？毫无疑问，为团队设立有吸引力的延伸目标是所有领导者的重要任务。事实上，你的职位越高，这个目标就越艰巨。领导者必须有能力激发员工把注意力放在这三个因素之上，目标和任务决定了意图和方向，战略为达成目标勾勒了蓝图。

现在，你可以针对这些技能听听同辈和直接下属的意见，但他们往往并不知道在这方面优秀的标准是什么。你的同辈和下属可以就你的倾听技巧、会议中的表现、接受或提供反馈的能力、时间管理技能、同情心等等方面提出意见。但是，关于你编织梦想并付诸实际的能力，想从他们那里得到任何评价或许是困难的。对于这个关键性问题，从公司的高管那里，尤其是在树立目标和战略方面有经验的管理者那里获取反馈或许是个可行的做法。

领导者必须有能力激发员工把注意力放在这三个因素之上，目标和任务决定了意图和方向，战略为达成目标勾勒了蓝图。

在开始这个旅程之前，请回答下面的问题：

1. 是否可以清晰地说出我的团队或部门存在的原因？

2. 团队成员是否清楚我们所要完成的任务？

3. 团队中的每个人都知道我们该如何达成目标吗？

如果这些问题的答案很明了，那么祝贺你，你在确立目标、任务和战略上是成功的。如果有些问题的答案并不明确，那么需要从一些高管那里寻求帮助并听取意见。下面我们来看看战略规划中的这三个因素，了解一下怎么去判断你是否走在正确的轨道之上。

从确立目标开始

目标就是梦想——你希望未来达到的状态。想一想"我们的团队为什么会存在？"这个目标应该是有抱负的、激励性的、能把你的团队凝聚在一起的东西。目标描绘了"大思路"或远景,最好是固定不变的。有两个例子可以诠释远大的目标是什么样的。迪士尼的梦想是:"我们通过给各个地方、各个年龄段的人提供最优质的娱乐来创造幸福。"里维斯的梦想是:"我们将覆盖整个世界。"这两个例子确切地向他们的员工(和顾客)描绘了公司的终极梦想。

你的目标是什么？你的团队存在的理由是什么？你为了什么而努力奋斗？如果这些还没有明确,那么先要给你的团队设立一个目标(当然要符合公司的长远目标)。只需取出一张纸,在上面写下来。如果与下属共同完成这项工作,这将是一个很好的团队练习,大家一起来回答问题——"我们为何在这里工作？"确定高远的目标会让人无比期待,一个美好的梦想可以使团队团结一致,因为它给所有成员一个每天早晨来工作的理由。

制订任务

明确了目标之后,就要写下任务。你需要考虑"我们努力达成什么？"任务应该是具备挑战性的,应该关系到你所在的企业和你所要服务的客户(无论是内部还是外部的)。任务应该与梦想相联系,也就是说,只有完成了任务,你的梦想才进一步有望变为现实。另外,任务也是在不断变化的。对于公司或团队而言,随着市场的兴衰起伏,就会有不同的任务。这里有一些明确阐述任务的例子。谷歌的任务是:"整合世界信息,使全球共享。"联合利华的任务是:

"给生命注入活力,用品牌满足人们每天的营养、卫生和个人护理需求,帮助人们获得健康、愉悦和享受。"这两个任务说明清晰地表达出员工所要关注的内容,它要给员工明确指出"正北方向"。如果你的工作无法支持或促进这个任务的达成,那么你就走在了错误的方向上。

你是否阐明了团队的任务？所有的成员对于他们竭力从事的工作是否有个完整的理解？起草并传达这样的任务说明,对于团队成员围绕目标进行工作是必不可少的。努力使之简单明了,与你的目标联系在一起。你和你的团队应该明白:制定合理的任务能够帮助你们实现目标。

规划战略

一旦你确定了目标与任务,真正的工作就开始了——规划战略。我们该如何完成任务呢？战略描述了达成目标的具体方案,它应该是清晰而且可以评估的。成功的战略包括完成工作的种种细节,还有资源、职责、预算、评估标准和时间表。在公司的层面上,技术、客户服务、销售、市场和定价等各个部门都应该有自己相应的战略。在你的层面上,应该重点关注如何完成团队的任务。记住一点,战略也会经常发生变化。团队通常需要一个年度战略,便于员工的个人目标向战略计划看齐。

你的战略是什么呢？你能说出在目前岗位上为达成任务而制定的宏观战略吗？团队中的每个人都了解这个战略吗？他们在其中

的位置如何呢？你必须要明确这些问题,让成员们融合于战略当中是最重要的领导技能。其实,围绕战略做出调整非常关键,你可以在一年中进行几次检查,看看每个员工是否都能各尽其职(参见第40节)。

向高管寻求反馈

作为领导者,你需要带头为你的团队或部门制定目标、任务和战略。你既不能把这个工作交给他人去做,也不能单打独斗——战略计划不是一项单一的工作。首先把自己的思路集中在原因、过程和手段上,然后,与团队成员一起把各个因素进行细化,尽量浓缩在一页纸上(参看图表3)。另外,"一页纸理念"可以使你的计划看

图表3:一页目标、任务、战略图

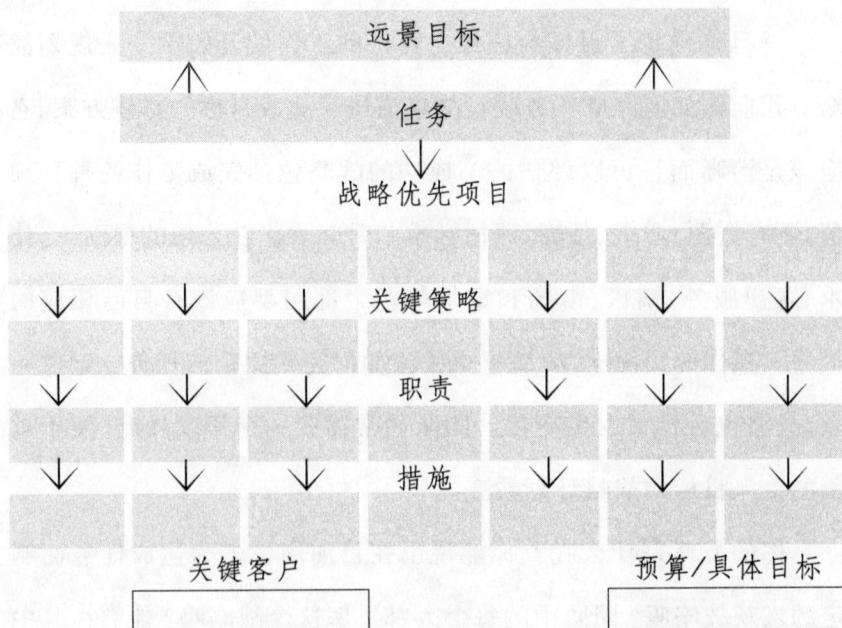

起来清晰而生动。把它贴在墙上、贴在会议室里，或者每次会议时都随身携带。定期与你的团队温习一遍，提醒他们注意重大目标，把目前从事的工作与战略相结合。记住，如果你的目标、任务和战略无法用一张纸表述清楚，有可能是它们太过复杂了。

最后，还有一个与目标、任务和战略同等重要的内容，就是你必须打开通道，让其他人都能参与进来。你可以征求专家的建议和忠告，为自己的团队明确目的、方向和操作计划。当你认为需要有人分享的时候，就把它讲给一些公司的高管听。尤其需要找三方面的领导：你所在的职能部门领导（他有很好的视角，可以说出你的战略是否适合于部门的其他人），运营部门的一位高管（他能发现你的战略在达成任务方面是否具备可操作性），以及一位以战略策划闻名的公司高管。可以让最后一位领导者向你推荐擅长制定战略的人选，并为你指出正确的行动方向。

当然还可以通过其他途径寻求意见和看法。把你的"一页纸战略"与他人分享，征求反馈意见。高管们对它满意吗？漏掉什么内容了吗？有什么需要明确或突出的地方吗？在评估有效性和生产力方面怎么样？这些领导者在制定战略方面经验丰富。与他们交流时，你就像一块海绵，尽量吸收他们的智慧，把它添加在你的最终文本中。最后，不要隐瞒你征求意见的事实，让你的上司、同辈与团队都了解，你就此战略曾向许多老前辈求助。这样做不但能扩大你的工作网，密切与这些领导的关系，还可以通过征求意见的举动表现出你的成熟与自信。

确立目标、任务与战略

1. 花一些时间为团队规划正确的目标、任务与战略，这是取得成功的路线图。

2. 让整个团队参与到这个工作当中，把内容浓缩在一页纸上。争取与更多的人分享这个文稿。

3. 从高管那里听取建议——挖掘他们的专业知识，为设计一个清晰、明确的战略计划向他们寻求帮助。

第二章

在你的游戏中

增加一些新元素

如果你认真地对待自己的领导力发展问题，除了扬长避短之外，还有许多的事情要做。为了突破自己，向更高的职位迈进，你必须在自己的百宝箱中增加新的武器。墨守成规的领导者注定只能止步不前或被人远远甩在身后。如果你不坚持学习新本领，同辈就会令你望尘莫及，后辈也会很快赶超过你。你不这样认为吗？最好环顾一下周围——那些头脑聪明、野心勃勃的管理者都在努力向前奔跑，他们希望替代你的职位。如果你愿意与企业共同成长，就必须提升自己的管理水平，这一点毋庸置疑。

　　你需要弄清楚的第一件事就是领导力对你而言意味着什么。如果你对自己即将要参与的游戏并不了解，那么勾勒出发展规划路线就很困难。另外，你需要用始终如一的态度来对待自己的领导哲学。你是否能简明地表述出自己在整个体系中的领导定位？对于增加新技能，你是否有一些明晰的计划？哪些方面需要特别关注？去哪里寻找一个既能提升自己又让公司受益的学习机会呢？

　　或许你希望多了解一些领导力起源方面的知识，更深入地领会管理的基本原则。或许你准备阅读一本与行业无关的商业书籍。或许考虑增加一些新的领导技巧，比如培训或授权的新方法。为什么不尝试一些新的时间管理技能？这样做会让你有时间来好好思考和反省，你也许还会想出更多的办法来发展领导技能。这里有一个很有价值的观念：必须花更多的时间来探索提高领导技能的新方法。你知道，这是个很有意思的事情。

第 *11* 节

突破条条框框

——设计你的领导力定义

每一位领导者首先要认清领导力究竟是什么。如果你根本不知道如何界定这件你努力尝试的事情,又怎么会取得成功呢? 这个问题看似简单,但你可能会惊诧地发现,许多领导者不知道该如何回答。当被问及"领导力对你而言意味着什么"时,他们都会感到为难,无法说出领导实践与领导艺术的确切意义。你愿意为一个说不清自己工作职能的领导者效力吗?

如果你希望拥有强大的领导力,必须能够诠释这个概念,必须清楚地说出这个概念对于你的意义。当团队中的一个初级职员问你类似问题时, 你要轻而易举地给出答案——发表一个有关领导力的精彩电梯演讲。相信我,这很重要。这些年来,我曾与来自不同公司的管理人员做过一千多次的访谈, 我总是以下面的问题作为开场:"领导力对于你而言意味着什么?"根据我大致的统计,大概三分之二的领导者能轻易地很快回答这个问题, 其中一些人的回答相当精彩。但是,另外三分之一的人感到这个问题很棘手,试图寻找一些字眼来描述他们一天的工作。如果不是接下来发生的事情,或许这样的回答也没什么大不了的。我后来同这些领导者的下属进行了一些谈话。他们基本上分为两类:一种认为他们的上司是"真正的高手——我愿意为他们效力",还有的人会这样说(带有一些挫败感):"他们真是愚蠢,什么都不懂。"当然,虽然这并无科学根据,但领导者无法界定领导力这件事与他们获得"愚蠢"的评价之间似乎有明显的关联。是啊,能否给出领导力定义看上去是成功领导者的标志之一。这对我本人而言意义非凡。如果你整天都在做这件事,怎么会描述不出来呢?

给出你的领导力概念

这里有个简单的方法可以帮助你给出自己的定义。先来阅读一下鲍勃·艾齐格尔与迈克尔·隆巴多[2]所著的《领导机器》这本书。两位作者在书中列出了 67 种典型的领导能力或特点,而且断言,在当今企业中,领导者必须具备其中的大部分能力。你可以从中找到一些特质,它们有助于你回答上述问题,例如:想象力、战略思想、热情、勇气、正直、创新、授权、顾客至上、诚信、可靠、乐观与沟通技巧。这些特征或技能是领导力的必要组成部分。

回顾一下这长长的一串,看看哪些特质与自己相符。这个练习与你确认自身的优势截然不同(参看第 7 节)。**它的重点是:你希望具备哪些领导者的素养。你希望自己如何能被人记住?你希望自己**

留下哪些财富？ 把这些问题的答案与你心目中理想的领导者所具备的品质相联系。如果你表现出的或有意强化的领导特质恰恰是你最希望与之联系的，很有可能你是个言出必行的人，也就是说，你的行为刚好反映出你心目中的理想品质。下面是我所希望的领导者品质：诚信、想象力、正直、勇气、热情和乐观。这些特质帮助我奠定了管理自己和他人的基础。选择你心目中领导者的特点是一个帮助你界定领导力概念的好办法。当有人问起你伟大的领导者应该是什么样子的时候，你就可以拥有自己的答案："我认为他应该是……"

另外一种描述领导力的方法就是写下一个正式的定义。关键是你要用简明的语言描述你心目中的领导力精髓。网上可以找到成百上千种定义，你不妨多看几个。我自己的定义如下：领导力可以创造一个他人愿意参与的梦想，创造一个诞生奇迹的积极环境，让人们发挥最大的潜能。

能否给出领导力定义看上去是成功领导者的标志之一。这对我本人而言意义非凡。

试着给出自己的定义——这是件有趣的事情。在此过程中，你会更加了解自己。你确立了自己的定义后，要记住它并经常使用，记着与你的下属和团队成员分享。如果你带领一个很大的团队，那么就在全体员工会议上说给大家听。成为一个领导力的传播者，鼓励你的同事也给出他们的定义。你需要自己来做这项工作,没有人可以告诉你答案。不要做那个哑口无言的领导者,找出适合自己风格和信念的定义,让它成为你个人发展的一部分,在谈及领导力时要经常提起它。

设计你的领导力定义

1. 探索领导特质和能力,找出对你最有意义的那一部分。

2. 做一个对领导力有见解的领导者,能够在任何时候给出属于你自己的领导力定义。

3. 学习一些出色的领导力定义,看看他人是如何思考这个问题的。

第 *12* 节
付诸笔端
——准备一份领导力发展计划

有句话说得好:"能够评估的工作才能完成的好。"这个商业信条的意思是,只有确定了目标,使大家各负其责,工作才有可能出色完成。如果你做出了发展承诺,就在领导力发展计划中明确写出你的短期和长期目标。这份计划应该是一份正规的、书面的步骤计划,用以指导领导力发展。这份一页的计划列举了你的具体发展目标,以及你决心增加、强化或禁止的行为。如果你对自己的发展负责任,那么把你的学习目标也写下来,然后与你的上司、同辈与团队成员分享。告诉他们自己努力的方向,给他们一份计划的复印稿,让他们监督你的行为变化。

创建一份简洁而优质的领导力发展计划

大部分人害怕变化,让我们来正视它。变化往往很困难,而且需要额外下工夫,你需要调整、适应和改变。提升自己的过程中就包括变化,但它并不是自动发生的。你必须确认自己希望在哪些方面改变,而且努力促使变化发生。领导力发展计划旨在帮助你面对上述挑战(参看图表 4)。

图表 4:领导力发展计划

总体发展目标:推动公司成为组织发展方面的领导者		
发展目标	态度/心态/意识(我自己感受更为深切)	可见的行为(在他人眼里非常清晰)
增加曝光率	在领导风格方面继续寻求反馈意见	多安排高层领导参加能突出团队的场合,为团队争取更多有挑战性的机会
	规划与直接下属相处的方式和时间(小组见面或单独见面)	增加出现频率——多多走出办公室
确保战略和成果以业务为重心	客户至上——就如何更好满足客户需求不断学习	教导和奖励团队创新;让创新这个话题经常出现在团队会议当中,培养队员的创新观念
	战略思考——寻找机会把工作内容与周围实际相结合	把精力投入在几个具备重大影响力的项目上(全力以赴办大事)
花更多的时间与家人待在一起	更合理的安排日程;在一周的规划中留出家人专享时间	回家后就把黑莓手机放在包里——孩子们睡觉后拿出来查看一次就行了
	开车回家的路上好好考虑如何安排晚间时光	周末早晨只工作一小时,剩下的时间不用于工作
关键行为促成要素		
1.多问问题——以提出的问题而非给出的答案闻名(激发求知欲)		
2.走出办公室——拜访公司领导者,提高团队在其他部门内的声誉		
3.对自己诚实——自觉的安排与家人共处的时间;主动监控自己的饮食习惯等等		

在纸的上方写下你的总体发展目标。目标最好既要体现远大抱负又要可以实现。简要地概括自己想要在哪些方面发生转变。下一步，明确三个重要的发展目标，把它们写在左边的一栏中。这些目标应该反映出你在本书第一部分所发现的有待改善之处。确保一次不要超过三个目标，再多的话只会分散注意力，最终导致你在其中任何一方面都无法取得明显进步。最好使用积极意义的动词及明确的语言写下自己哪些地方需要改进。目标应该非常清晰，甚至你的祖母看了都会明白你想做什么（即便她并不真正了解你依靠什么谋生）。

提升自己的过程中就包括变化，但它并不是自动发生的。你必须确认自己希望在哪些方面改变，而且努力促使变化发生。

态度和行为改变计划

接下来，针对每一个发展目标，记录下你希望增加、强化或禁止的想法和行为。在第二栏中，捕捉你希望在态度方面做出的调整。坦率地说，有时候问题的根源就在于态度不端正或者缺乏目的性。你的不良（或回避）行为往往来源于对某些情况或人的感觉。举例来说，你不喜欢自己的老板，那么很有可能你的态度或观点就需要调整（比如，你可以接受这样的观点：你们不必成为朋友；认可你的老板执行着另一种工作议程;承认老板或许是对的等等)。你或许害怕在公众面前讲话,这种情况下,恐惧之情就会阻碍你获得这方面的进步。你明白这个道理吧。把你的"行动目录"像子弹般排列出来,然后写下不同的思维方式和观点。

挖掘所有的素材——不要害羞或保守。如果你认为自己的确需要调整观念,首先要明确亟待改善的地方,然后把它们写下来。因为你将会把这份领导力发展计划与他人分享,所以尽量写得清楚仔细——用积极的语言来表达你理想的行为。比如,如果你的最初想法是"停止对老板的防御性行为",你可以用下面的语言来记录——"与他人交换意见时报以开放的心态"。如果发展目标中有一条是这么写的"更好地与同辈相处",不如写成"定期寻找机会与团队成员交往"。采取全新的心态,仔细打磨这些语句,如果你还用旧的思维模式去看待人或事,那么实施新的行为方式将会很困难。态度和目的应该置于行为之前——千万不要忽视这个心态方面的提升。

下面进行最后一栏,归纳一下你确实希望改变的行为。尽量明确那些他人一定会注意到的行为(比如展示新技能、提高做事的成功率、戒除坏习惯等等)。例如,你的发展目标包括改变在会议中的表现,其中一条可能是"参加团队会议时把我的黑莓手机留在办公室",这是个他人肯定会注意到的行为改变。事实上,你的同辈、直接下属或经理都能够轻易发现你在着力改善的地方,然后关注你的进步。对于态度和行为栏,一定要注重质量而非数量。对于每一个发展目标,每一栏不要超过2—4项可付诸行动的内容。

　　最后,在领导力发展计划的底端,写下关键的行为促成要素。这个办法便于记住 2—3 个促成行为改变的关键点。例如,"走出办公室"就是促成因素,它可以推动好几个不同的发展目标,比如多花些时间与团队待在一起、多进行有效的倾听、多了解企业、多花时间与内部人员接触等等。你可能会重复提及某些项目,这没关系。关键的促成要素是领导力发展计划中的绝对"必做之事"。

　　在过去几年中,我一般会在 12 月底为下一年制定领导力发展计划。我发现自己在假期前后容易沉浸在一种反思的情绪中,我很享受这个学习的过程,也愿意为来年制定新的领导力发展计划。有时我甚至把私人生活中需要改善的态度和行为也罗列出来,结果发现自己在态度栏中设置的挑战性目标获得了极大的改善(态度真的能塑造行为,它是一个不断成熟的过程)。

　　如果"能够衡量的工作才能完成得好"这句话是正确的,那么把它改变成"能够记录下来的工作才能完成得好"会对你的发展有所裨益。你是在严肃地对待领导力提升这件事情吗? 好了,给你一个机会把它写下来并与他人分享。当然,你必须得按照计划执行。但是如果花时间写一份严谨的发展计划,那么在你实现转变的过程中,将有一个完美的蓝图和监视工具在发挥作用。

准备一份领导力发展计划

1. 拟定你的发展和改变计划。

2. 勇敢一些——努力去制定你将实施的计划。使用领导力发展计划来鞭策自己。

3. 把你的领导力发展计划与他人分享——不要害羞。他人只有了解你的努力方向才可以给予支持，如果做到了这一点，你将很有可能获得成功。

第 *13* 节

一年一项技能
——一年提升一项领导技能

　　谈到领导力发展,你的梦想有多远大? 你有能力在宏观上把握局面吗? ——你最终的领导力发展计划是什么? 让我们来面对这个问题:一提到正规的课堂教学,我们就感到很难在课程结束之后能对技巧运用自如。即便你参加的是为期一周的培训项目,学到的知识也很有可能会随着时间而慢慢淡化。把所学的知识运用到工作中的确是个挑战。那么,一个全面而有针对性的发展之旅,可以长期改变你的技能水平,这个想法怎么样呢? 如果觉得不错,欢迎你开始"一年一项技能"的学习体验。没错——花上一整年的时间着重发展一种技能。

　　想想这个理念:每年提升一个技巧或行为。它并不如你想象的那么极端。假如你是一个普通的领导者,大概在快 30 岁时开始走向管理岗位。如果你有 30 年的职业生涯,即使一年只提升一个技巧,那么在你 40 岁生日之际,你已经掌握了大概十几种优秀的领导行为,而 40 岁正是你事业的黄金阶段。你对于掌握这些一流的技巧有兴趣吗？现在你或许会想:"我不能为提升领导力技巧等那么久——我需要在短时间内掌握所有的内容。"好,我欣赏你的态度,但你需要面对现实。你不可能立刻把书中提及的思路都尝试一遍，更别说一下子要为十几种甚至更多的技能创建正式的学习计划了。但是,设想一下,如果集中精力,为某项领导技能设立学习目标,在 12 个月的时间内把它完成！下面我会告诉你该如何去做。

选择某个特定的领导行为

第一件事就是选择你希望提升的领导力区域。我建议你抛开那些领导能力和特质的常规顺序,选择一个成熟的领导行为。领导行为就是那些你每日都在从事的举动，而且每一项都需要综合各种不同的能力。把领导行为看做"宏观的"举动,可以由一些"微观的"能力来实现。例如,"打造优良的团队"是一个领导行为,它由许多能力构成,像评估人才、设立目标、创建战略、解决冲突、激励员工和权力下放等等。把你提升单一领导行为的年度计划与更多的人分享，收集他们的反馈和建议。查看你的最新 360 度反馈报告(参见第 3 节),来决定一下如此专注的努力可以为你在哪个方面带来巨大转变——无论是现在还是将来。毕竟,这个技巧将一直伴随着你,因此需要从战略的角度来把握如何吸纳这个深层的专业知识。

为了更好地说明问题,我们把"推动创新"作为目标领导行为,来设计一个 12 个月的计划,包含三个完整的学习阶段:学习、实践和授课。第一个季度中,你通过读书、上网、向公司内外的专家咨询等方式研究这个问题,学习与创新相关的一切。1 月初,花时间为学习闪电战做准备,可以备齐物质资源,买三四本相关书籍,进行网址收集,参加相关会议以及挑选以创新闻名的公司。接下来,整合资源与计划,安排相关日程,从 1 月至 3 月每周都拿出相应的时间来进行你的课题。然后,开始实施计划。是的,这就表明你得真正开始读书,给公司打电话安排访问(参见第 29 节),参加 3 月下旬在凤凰城的会议。

如果你有 30 年的职业生涯,即使一年只提升一个技巧,那么在你 40 岁生日之际,你已经掌握了大概十几种优秀的领导行为,而 40 岁正是你事业的黄金阶段。

到 4 月份的时候,你就会了解有关推动创新的一切知识,大概还会有一些他人不曾有过的思路。现在进入下一个阶段:实践。在接下来的两个季度中,你要把所学的内容运用到工作当中:在你的部门或小组建立一个创新实验室,给你的团队设立一个目标,大家对产品与技术创新进行集体研讨。自愿带领一个特别小组用创新性的办法来看待问题。要求为公司高管做一个关于创新的陈述报告,历数公司面临的良好突破机遇。换句话说,集中精力引领创新,在接下来的 6 个月中,让它能融入你的血液。重要的是制订计划和创建目标——不要只是简单地告诉自己,你会多多尝试这个观念。一定要明确你该做些什么,然后付诸实践。

在一年的最后 3 个月中,进入到授课阶段。主动在企业大学承担有关创新的课程,在公司组织和推广一个演讲系列,作关于创新的报告演示(参见第 34 节)。如果在公司找不到类似的机会,你也可以考虑到当地的社区大学教授创新课程。这个阶段的意义在哪儿呢?如果你曾讲过课,就会明白这个道理。如果你要去教别人,首先你自己得真懂。因为提前就知道年底将要进行这个阶段,所以要激励自己在之前的 3 个月集中精力收集信息 (你才能知道教什么)。与之类似,你也可以在夏季多整理搜集一些丰富的例子,充实到你的课堂当中。如果你完成了教学任务,就可以利用最后几周的时间休息一下,或者开始准备来年 1 月的下一个领导行为计划。

你有何感想?你能够完成吗?毫无疑问,一整年的发展计划是具有挑战性的,需要你大量的付出和持之以恒的毅力。但是,如果你能够把最薄弱的地方通过这样的途径加以提高,经过 6—8 年之后,你的能力就会有明显提升——毫无疑问,你可以把那些机遇变成绝对的优势。当你发现某一项领导技能或行为没有进步的时候,你会感到很受挫,那么不妨想想这个计划吧。或许,你需要的就是时间和努力。

一年提升一项领导技能

1. 每年选择提升一个领导行为,努力变成这方面的专家。

2. 学习这个行为的理论和实践,在一年中不断进行练习。

3. 掌握了这个行为后,在年末进行教学实践,与他人分享你的

   专业知识。

第 *14* 节

非你不可的事情是什么？

——学会授权

　　最近你是否得到了升迁？是新的管理岗位，还是进入了高管行列？首先恭喜你并祝你好运。你该忙于摸索下一阶段的情况了。下面是你需要了解的一些内容——保持头脑清醒和拥有自己人生的秘诀，高效工作和获取成功的关键，走向高层后必须掌握的一种管理技巧。

　　什么？他们提拔你的时候并未告诉你这些？那么，我会立刻与你分享。在下一个领导岗位有效工作的秘诀是授权。此刻，我知道你在想些什么：什么？授权？一定是这样。当你迈入更高一级的领导层，你的领导方式必须改变，你不能事必躬亲。亲历亲为可能是你在上一个岗位的工作状态。但现在，如果不学习更有效的团队领导方法，你很快就会被淹没了。你现在拥有更多的资源——学会使用他们就是你在新岗位上成功的秘诀。

成为掌控结果而非过程的人

授权是把任务委托或交代给别人做的行为,涉及权力的移交。后一点非常重要,因为授权不是微观管理。恰恰相反,授权就意味着你允许下属把他个人的东西附加在这个项目或任务之上了。是的,你能够勾勒出基本的路线,但必须让这个人按自己的方式来操作。作为一个领导者,你应该擅长"掌控结果而非过程"。把握住全局,允许下属用自己的想象力和创造力来填补细节。

有效的工作分配需要注意三个重要因素:授权的原因、内容和对象。首先,你为什么希望自己可以合理授权?原因很多,主要有四点:

1. 授权可以增加工作产出。把合适的工作分配到适合的人手中,你就可以使团队的生产力最大化。

2. 授权促进成长和发展。如果你把团队放在一个学习新任务的位置上,可以促使他们获得知识和技能。

3. 授权使团队受到激励并全心投入。大家希望参与整个计划,不想被领导得过死,或者把时间都花在一些乏味的工作中。

4. 授权使你能够着眼于高端任务。它可以把你解放出来,全力以赴去应对最重要的事情——那些只有你能完成的任务。

既然你已经了解了权力下放的原因,现在需要知道该如何授权。尽管没有一个明确的列表显示哪些工作你应当分配下去,但有一条经验法则可以告诉你,**你应当考虑把那些他人力所能及的事情分下去,把只有你能解决的问题留下来**。换句话说,保留那些只有领导者才能做的工作,诸如战略的制定、团队的培训和发展、重大问题或冲突的解决、出席必要的会议等等。然而,如果不是非你不可的情况,就授权给其他人来做吧。

作为一个领导者,你应该擅长"掌控结果而非过程"。把握住全局,允许下属用自己的想象力和创造力来填补细节。

坦率地说,授权可以给你腾出空闲来学习。与许多领导者一样,我的职位不断得到提升的原因是擅长于本职工作——我第一次得到提拔的时候,就下定决心要比以前承担更多的工作。很快就发现效果并不理想,摆在我面前的是一大堆新的挑战,我无法靠一己之力来完成。要想成功,必须学会放权。我开始慢慢放弃一些演示和报告的文案撰写工作,逐步从创意过程中抽身出来,而只扮演最后审查的角色。接下来,会见供应商与进货决策的工作也放手了——因为手下的人远远比我更了解软硬件设施。最后,我逐渐放弃了会议监督权,让直接下属轮流承担策划和组织员工会议的任务。必须承认,我最初碰到了一些困难,我感到自己对工作失去了控制,但最终受益很大——每周我至少可以获得10—12个小时来应对更为重要的任务。你也可以做得到。举例来说,你一定要放权的工作包括行政事务、撰写报告、演示准备及预算分析。每当一项新工作出现的时候,都要问问自己:"这件事只有我能做吗?"如果答案是否定的,就开始考虑谁能承担这个任务。

那么该选择谁来做呢?分配工作时,你可能对于承担的人选有多种选择。你可能总会想到自己的得力干将——这就错了。把工作分散开来,让每个人都能参与。其实,你可以建立一个工作日志,记录每次工作都分配给谁。当工作接踵而至时,用以下4个因素来衡量谁是最佳人选:

(1)**他们的经验、知识和技能**。你的员工已经具备了哪些知识、技能和态度?谁需要在哪些方面得以继续提升?你是否可以给他提供培训的时间和资源?如果第一次做得不理想,是否还来得及返工?

(2)**他们在高管面前的曝光率**。谁需要在老板面前有更多的亮相机会?谁想一显身手?如果不能按时完成任务的后果是什么?这个工作是否对完成质量要求特别高?

(3)**他们偏爱的工作风格**。你的下属独立工作能力如何?他们会如何处理突发状况?他们的长远目标和利益是什么?与目前的工作是否有一致性?

(4)**他们目前的工作量**。谁具备这个能力?谁有时间再去承担更多的工作?这次工作授权是否要对他的其他任务和工作量进行调整?这个任务将来还会出现吗?

当工作分配下去后,不要忘记隔段时间就检查一下进度。任务监控、解决疑难问题及提供保障都是你非常重要的工作。另外,记着在项目期间或结束之后给下属提供反馈意见。

再次祝贺你得到升迁。享受这个过程吧,你已经赢得了新的领导岗位。那么周围那些直接下属怎么办?好好发挥他们的能力,使他们能发挥创意和主动性。每个领导者在授权的方式和态度上不尽相同,但通过实践一定会有所改观。如果你希望提升领导力——如果你希望成为掌控结果而非过程的人——开始放权吧!

学会授权

1. 授权是你最宝贵的资源管理。它可以帮助你完成更多的工作,也可以把你解放出来,投身关键任务。

2. 要擅长授权。你不可能事必躬亲,让团队的每个成员都参与进来。

3. 一旦权力下放,就要退后一步。你不但把任务分配给他人,也要把做事的权力同时移交出去。他们的做事风格有可能与你不尽相同,但没关系——也许会产生更理想的效果。

第 *15* 节

哨子与剪贴板

——锻炼你的培训技巧

有一种领导技能会让你与众不同——如果你愿意付出耐心，多加练习，完全可以掌握。一些领导技能是必备之功，但还有一些能起到锦上添花的作用，使你进入一个更高的境界。必备之功包括战略思维、沟通技巧、授权及注重实效。如果你缺乏这些素质，那么永远也不会进入最高领导层。但即便是许多高层领导有时也会缺乏一种技能——培训，它可以带领你达到一种新的层次。

人们常说，"卓越的领导者以提出的问题而不是给出的答案闻名"，因为这些问题往往能起到解读未来或推动公司发展的作用。提问这个技巧同样适用于培训过程。培训与提问密不可分，它可以引发思索、探寻答案。事实上，有太多的经理人对每个决定都事必躬亲，这是培训的大忌。培训的过程是帮助他人自己解决问题并寻找答案的过程。优秀的上司了解培训的方式和时机，你也可以学习，这与你处于公司的什么职位毫无关系。

但这需要勤奋和实践。了解基本原理之后,你必须通过反复、专注的练习让自己成为一名好教练。没有人能够替代你,假如你想树立自己的培训风格,必须下工夫实践。

一种不同的影响力

你还记得童年时的教练对你的影响吗?你很有可能曾参与过某些体育项目的训练,或在舞蹈、音乐或美术等创造性领域有所追求。思考一下谁是你遇到过的最好的教练,他们对你产生过什么巨大影响,这种影响远远超出你所从事的某项运动或活动本身。他们曾告诉你生活的教训,激发你的整体自信,并为你树立了鼓舞人心的楷模形象。当然,他们与你分享智慧,但也会鼓励你寻找属于自己的方式——这便是你作为一个好的培训师的全部艺术。

首先从比较培训师和导师开始(参见第 5 节)。从本质上说,导师提供答案,分享自己的观点,给出解决问题的方法,并说出建议。你从导师那里学到了经历。培训师提出问题,努力让人看到各种可能性,探索众多的替代方案,并认真反思自己的想法和行为。培训是一场目的明确的谈话,它的目的是打开思路和拓展认识。作为领导者,在有些时候,你必须既是导师又是培训师。但在应对直接下属、同辈甚至上司的时候,你往往需要完全进入到培训模式。有时你只需要通过发问来帮助他人找到自己的解决办法。

做好培训需要的三项基本技能

你需要具备三项基本技能才可以成为一名好的培训师。

首先,你必须善于倾听。这表明你必须有耐心听他人发言,而不是自己垄断对话。其实,如果顺利的话,你可以一言不发。

第二,你必须专注。你不能表现出心烦意乱、紧张兮兮或心事重重的样子。为了让谈话顺畅进行,并寻找下一个发问点,你必须全神贯注地投入其中。

最后,你必须能感同身受。你需要有能力设身处地地想象对方的处境。移情的能力对于培训过程至关重要,因为它不仅有助于你站在他人的立场上理解问题,还会让你发现一些或许他们本人都没有意识到的情绪和感受。如果你认真倾听一场围绕解决问题的对话,并能做到换位思考,这次互动就是一次培训的好机会。

那么如何有效地把培训过程当做管理技巧来使用呢?下面列举了一些富有成效的对话所应具备的基本要素。

人们或许不是总能记得你作为领导者的业绩,但他们一定记得与你工作时的感受。

培训的三个步骤

我对执行主管们进行培训时采用简单的三步法。

第一步是了解真实信息。可以进行简单发问:"今天你有什么心事?"或"目前你面临的最大挑战是什么?"一开始先让他说出问题——换句话说,获得真相,确认事情是什么。当你了解了谈话的主旨后,继续对话。这时,你听到的是过去已经发生的事情。

下一步,把他引入当下,看看他目前对事件有何感受。此时他的情绪、信念和感受都是什么样的?在这种情况下,他会做何反应或有何举动?此事对他的心理或行为有何影响?在这里要多问一些试探性的问题。一个有用的技巧是对原因发问 5 次来探究一个人的情绪根源。千万不要跳过这一步。你需要了解他如何消化这个事件,也就是说,他如何看待这件事(例如,这个人有可能没有承担自己的相应责任)。

最后,把这个人引向未来——问题的解决以及态度或行为的改变。问几个问题,旨在激发他对于替代方案及解决办法的思索。提供一些建议也是可行的,但不要很迫切地想要去告诉他该做些什么。这个人能找到自己的答案,是培训取得的最佳效果。最后,到了改变自己观念、态度和心态的时候——你不能代替他做这件事。

我给领导者做培训已经有相当长的时间了,我发现了解真实信息、探求内心感受、委婉地引导问题得以解决这三个步骤大部分时间都可以奏效。在状态最佳的时候,我可以充分理解对方所叙述的事情,甚至感觉自己就置身其中。在完全了解情况的前提下,我基本上可以全面衡量他们对事情的感受——或许超越了他们自己承认的部分。我一旦能领悟他们的感受,就可以指导他们去寻找答案和改变。你的直接下属或同辈会感觉自己在这个问题上取得了突破性的进展,而你运用一种充满技巧而富于同情的手段帮助了他们,自己也会从中获得满足感。

对了,还有最后一点。**如果你真的想使用培训作为管理工具,提问自然是短时间内与人互动的不错手段,但你需要营造合适的环境。**给讨论留出充裕的时间(至少 30—45 分钟),最好单独会面,并将自己置身于平等的位置(离开办公桌)。这就表明你有问题想问,希望谈话进入培训模式。如果这不是你常规的互动模式,尝试这样做非常有必要。简而言之,确保谈话对象处于舒适的状态,你们能有充裕的时间进行一场有意义的谈话。

你能够做到这一点——你可以把培训加入你的领导力工具箱中。如果你肯在这方面下工夫,可以阅读相关的书籍或参加相关的课程,从专家那里学到其他的技巧和本领,然后实践你的培训风格,寻找合适的时机运用你的新技巧帮助某人解决一个重要问题。你不会马上精通此道,而是需要在形成技巧的同时不断修正自己的表现。记录下你打断对话、提出建议、没有以开放式问题发问的次数。慢慢地,你就会得到提高,用这种方式进行谈话也会显得更加自然。

如果你在探索伟大领导力的关键要素,那么培训一定是非常重要的一部分。人们或许不是总能记得你作为领导者的业绩,但他们一定记得与你工作时的感受。如果你对他们表现出关心和兴趣,设身处地地倾听他们的问题,帮助他们寻找自己的解决方案,他们将不会忘记你。事实上,你的培训风格很可能会印在他们的脑海当中,这种方法也会继续传承下去。你希望把新技能加入到这场游戏当中吗? 做一个好教练吧。这件事的确非常有趣,而且我几乎可以肯定它也非常有意义。

锻炼你的培训技巧

1. 把培训加入你的领导力工具箱中,开始练习倾听、专注及移情的技巧。

2. 如果没有信念就不要去尝试,你应该自愿把培训当做一项领导力技能进行合理运用。

3. 培训是一项你可以不断完善的艺术。要进行自我批评,反省你的成功和不足之处,然后及时做出调整。

第 *16* 节

用功学习

——每年读三本商业书

"喂！伙计，到这儿来——到你的书架这里来。是的，我在跟你说话呢，领导先生或领导女士。你去年把我买回来，就把我牢牢固定在这个 10 年都见不到天日的夹子里。那就是我的命运吗？你想过要读我吗？你把我买来就是为了填充书架，让自己看上去很有思想吗？"

如果你的书籍可以说话，它们会对你这么说吗？你会买来最新的商业和领导力书籍，然后认真研读，还是只进行了买书的工作？能够承认自己在读书方面落后了，还算不错，至少你买书的时候是出于良好意愿的。一些领导者不买商业书籍，他们既抽不出时间，也看不到阅读的价值。这真令人遗憾，因为定期的阅读计划益处不少。你此时正在读书，已经展现出学习和读书的意愿（顺便提一句，感谢你阅读本书）。之所以保持阅读习惯主要有三个原因。

商业书籍之所以重要的三个原因

我们所有的人都过着繁忙的生活，显然找时间来阅读250页左右的商业书籍有困难。占据了我们阅读时间的东西还真不少——报纸、商业期刊、行业杂志、因特网，这还不包括工作中的报告、展示和白皮书——谁还有空来阅读整本的商业书？另外一个不便之处是，许多商业书原本都可以压缩到12页长短就能概括出重点。好了，这就是大家反对商业书籍的理由：没时间与篇幅太长。很有道理。接下来有三个你必须抽空读书的理由。

首先，商业书籍中孕育着许多重要而崭新的理念。例如，《追求卓越》[3] 发起了再造运动。事实上，作为一个领导者，你不能对经典书籍或畅销书籍视而不见，你需要阅读它们而保持竞争力，与团队和同事相处时显得可信而不落伍。当然，在下次的高层主管会议上，当他们谈起《世界是平的》或《引爆趋势》[4] 时，你不妨冒一次险，回应道："我从未听说过这本书——内容是什么？"但这么做的确很危险。

第二，商业书籍为你提供了领导艺术缺失的一个内容：讲故事（更多关于讲故事的影响力，参看第19节）。书籍有足够的空间可以讲述大量真实或虚构的故事。事实上，"寓言式的商业书"模式一直大行其道（参看《冰山在融化》或者《团队领导的五大障碍》）[5]。商业书籍向你展示了讲故事的强大力量，而且提供了丰富的素材可供你添加在自己的资料库中。许多领导者都在他们的书中与大家分享了丰富的故事,比如安迪·葛洛夫(《只有偏执狂才能生存》)、卢·格斯特纳(《谁说大象不能跳舞?》)、比尔·盖茨(《未来之路》)、杰克·韦尔奇(《赢》)[6]。阅读这些书籍对你会产生累积性影响——你学会了如何讲故事,你也可以吸取这些榜样身上的精华,然后运用到自己的故事当中。

第三,商业书籍是刺激性工具,并能推动创新。它可以引发你进行细致的思索,因为你投入了大量时间来研读。阅读一篇 8 页长的文章,你大概一周后就会忘记它的内容。但是利用 4—6 周的时间来阅读一本书,书中的信息会给你留下印象,关键在于你必须与这本书形成互动——拿起、放下多次,一直思索其中的概念、主张、事实与观点。一个月读一本书足以让你充分消化书中的内容并把它运用到商业战略和挑战当中。

让商业书籍为你所用

我有一些小窍门,有助于你把阅读商业或领导力书籍当做个人发展规划的一部分。第一,每年都会作一个详细的商业书籍阅读计划——我把它写进了发展规划中,并设法坚持下去。第二,我提前挑选出书籍,把它们放在家中显眼的地方——能常常看到之处(说实在的,你不要在上班的时候读书,因为你没有时间。即便能抽出空来读书,也可能让人误以为你无事可做)。第三,我自己选择书籍。大多数人买某本商业书是根据媒体或他人推荐,订购的时候甚至都不知道这本书的大致内容。你要走进书店,寻找能吸引你眼球的东西(一个有效的办法是在你每年生日之际买三本书,然后设定目标在下一个生日之前读完)。尝试选择一本领导力方面的,一本与你的职能范围或专业知识相关的,再来一本用新方法解决传统商业问题的(比如《世界是平的》)。

我通常一年读八本书,一周读一至两章。我不会在某个周末突击读完整本书;相反,我会提前作计划,"一点点地读书"。过去,我也买一些刻在CD上的书籍,然后下载到苹果播放器上便于随时收听。我在日常生活中给商业书籍留出了空间,让我可以追踪时事的新动向,它也的确发挥了作用。我鼓励你把同样的办法添加在自己正在进行的发展战略中。阅读新书可以让你成为一个领导流行的人。你既可以从书中的观点受益,也可以向老板展示:你是一个处在时代前沿的人。

书中的信息会给你留下印象,关键在于你必须与这本书形成互动——拿起、放下多次,一直思索其中的概念、主张、事实与观点。

归根结底就是领导者需要读书。了解前沿动态、发现新思路、勇于改变现状都是工作的一部分。在你去拜访公司高管的时候,仔细看看他们的书架就会发现他们在读些什么。问问你的客户或商业伙伴都在读什么书,看看是否对你有所启示。布置你的团队成员去读一本特定的书,在员工会议中询问读书状况。不要做这样的领导者,他们以不读商业书籍为骄傲,坦率地说,这是无知,很不好。

每年都给自己布置任务,去阅读几本商业书,当然也包括那本去年就买了的书。它可一直等着从办公室的书架上被撤下来,随着你的公文包回家呢。

每年读三本商业书

1. 读书并不过时。作为领导者,你需要保持最新的商业思维。把一些从未读过的书从书架上取下来,开始阅读。

2. 向你的团队提出一项挑战,大家共同读一本书——每人读一个章节,一周或一月听一次汇报。

3. 开始先设定每年读三本书的目标。每次读一章,连续读6周。在日程安排中规划出阅读时间——你能够做得到。

第 *17* 节

最棒的思维工具

——记日志

你是否曾写过伟大的长篇小说？是的，这或许太雄心勃勃了，让我们降低一个档次吧。那么你曾给某本杂志或行业刊物写过文章吗？没有足够时间？明白了。那么在公司的网站上写过几篇博客？不？嗯……那么给你的父母写封信呢？什么？好吧，我懂了。你根本什么也不写——至少在传统意义上是这样的。我知道你都用电脑键盘打字。除了制作PPT、文字文件等等，你大概每天要写100封电子邮件吧，或许还要机械地完成提案、电子表格和产量报表等等。但你很有可能不动纸笔。那就太糟糕了，因为大量自我发展的创意都能够从你的笔端流淌出来。为了获取这个价值，我支持你把另一项技能添加在你的领导力工具箱中：记日志。

你上次坐下来使用这两样有史以来最伟大的工具做些思考是什么时候？不错，关注思想的一点点"纸笔时间"可以给你充电，可以帮你看清事物。日志逐渐变成一种失去的艺术。不到30年前，孩子写日记、领导记日志是相当普遍的事情——二者都充满了希望、梦想、观点和思考。今天，我们忙得无法停下来写写自己的思想和感受。这是件不幸的事，因为写作是有益健康的，它可以舒缓心境，引发思索。日志是这世上遗留不多的几种个人思考工具之一，只关乎你的所为和所见。它可以给你内心的声音留下一些时间和关怀。把你的想法落在纸上，它们就会变得可信而有效。

让自我反省成为一种习惯，这是一种会产生剩余价值的习惯，因为它付诸笔端，你可以在任何时候查找并阅读。

我一贯鼓励那些管理者写日志，因为这有助于他们把精力放在重要的事情上。一些人采纳了这个建议，另一些人则予以拒绝，并非每个人都摸得准窍门。然而，我的许多客户都发现，这个办法帮助他们认识到生命中真正重要的东西，无论是在工作中还是在家庭中。在纸上记下你的想法是记忆和实践的好办法。

记日志的三种方式

此刻你很可能会想："不，谢谢啦，我曾经试过，这不适合我。"是的，很有可能，但写日志的方法可不止一种，你很可能没有全部尝试过。下面我会给你介绍三种方式，设法把其中一种变成你日常生活的一部分。**第一种当然是传统的保留方式：手写的、自由式的日记。**采用这种方式还有一个特别的奖励，你可以去买一本精美的皮面日记本。选择一本对你有吸引力的、能随时携带在身边、工作时放在桌上备用的日记本。打开本子，就开始书写。如果你希望按次序追寻自己的思路，只要标注上日期即可。否则，就让想象力任意驰骋——这里不会限制方向。画下图画，运用各色彩笔，字体的大小歪正都能接受，用第一人称或第三人称都没关系。这就是你的画布，可以随心所欲地在上面涂抹。保持一个日记风格的日志可以给你做白日梦的机会，你可以设想自己的角色、团队和领导形象，就好像带着你的心灵和想象力去做一个神奇的水疗，经常使用这个技巧能够让你充满活力。

第二种日志方式更像一个记笔记的过程。你可以随身携带一个特定的笔记本——随意摊放在桌子上，开会时也带着它。这种方式便于你随时记下自己的想法。在每页纸上都写下日期，然后把它分成4个相等的区域。

在左上区标注"知识"，用来捕捉一天内读到或了解到的新信息、事实及数据。比如，可以利用这个空间记下你想要告诉团队的事情，以及今天什么事引起了你的共鸣，你学到了什么，都把它记录下来。

在右上区标注"想法"，用来记下新信息带给你的新思路。写下学习的心得以及对团队有用的东西。这是一些令人感到兴奋的笔记，因为新思路从你的大脑中迸发出来，它们就像一发发子弹，指导你如何把所学的内容运用到工作当中去。

在左下区标注"问题",用来记录对工作的一些思考。对我而言,这类问题通常是"如果是我们该怎么办?"或是"我们能做到吗?"或是"我会这么做吗?"你的思绪可以发散一些,无论这些问题与你目前读到的或听到的东西是否有关。如果你超常发挥,可以整页写满你希望得到答案的问题——关于自己或关于团队。

最后,在右下栏标注"反思",用这个空间来捕捉你对于自身领导水平做出的反思。写下最近你干得还不错的两三件事,还有一些你需要努力的地方。记下你为督促自己进步而做出的一些改变。

日志的第三种形式就是详细记录每位直接下属的情况。在带有标签的文件夹或活页夹中为每一位直接下属开辟一个空间。然后,在单独会谈或员工会议中,坚持清晰地记录下列问题的答案:

·**授权**。你把什么任务分配给他们了?

·**进步**。你希望在接下来看到什么?

·**成就**。你希望表扬或记住他们做过的哪些事情?

·**现实生活**。谁对他们很重要?他们的生活中发生了什么事情?

·**职业理想**。他们的希望和梦想是什么?你如何帮助他们实现?

·**有趣的事实**。他们喜爱什么糖果?钟爱的音乐家是谁?

这个办法便于你与直接下属保持联系,因为在这本日志中,你始终和他们在一起,你记录下和他们上次谈话的内容,你对他们的期待,他们生活中看重的东西等等(更多关于了解直接下属的内容,参看第 25 节)。

如果下一次当你感到不知所措或思路混乱时,不妨拿出日志写下几笔。让自我反省成为一种习惯,这是一种会产生剩余价值的习惯,因为它付诸笔端,你可以在任何时候查找并阅读。挑战一下自己,把写日志作为每日功课。它可以帮助你追踪所有的零碎想法。谁知道呢,你或许可以由此培养出对写作的热爱,最终能写出一本畅销小说。

记日志

1. 倾听你的内心声音——写下它说的话。用记日志的方法来捕捉自己的思想、感受和看法。

2. 秘诀就是去买一本特别的日记本或笔记本,它可以激起你写作的欲望。花些时间挑选合适的本子,这会有非同寻常的感受。

3. 如果形式自由的日记法不是你的风格,尝试写一些子弹式笔记——如果养成习惯,也很有价值。

第 *18* 节

我有一个理论

——学习伟大的领导思维

    无论当领导的时间是 2 年还是 20 年,你大概都从以往的经验中学到不少。从经验中获得的教训很有价值,你在实践、犯错和纠错的过程会有所长进。你需要做的领导决策越多,你就拥有越多的机会利用耐心、技巧和信心处理问题。

    尽管没有什么能替代工作中获得的知识,但有办法可以加强你的领导能力,可以为你的经历增添更多的含金量:学习经典模式和框架以及领导理论方面的工作知识。如果你希望在战略制定、管理技能及执行力方面做得出色,就需要了解人类行为的起源以及最优秀的领导艺术实践。其实,有些模式和理论是每位领导者都应该知道的。你可以从下面 4 个理论开始学习(你可以通过网络研究其他理论,参看第 24 节)。这 4 个模式从本质上解释了雇员的行为,深入了解这些模式会帮助你成为一位更杰出的领导者。的确,如果你从事着对人进行管理的工作,就应该对这些经典理论(及其如何运用）非常熟悉，因为你需要用它们来理解你的员工。

他们为何那么做？

与大多数领导者相同，你或许有时也会对下属的行为感到迷惑。他们表现得不理智或很情绪化，很难弄清楚是什么原因让他们变成这样。你是否也曾这样想过："为什么我的员工变得如此疯狂？"或是"这些人到底怎么了？"你是这么想的，对吗？事实上，他们正在依照自己的脚本行事。但你知道为什么吗？亚伯拉罕·马斯洛、弗雷德里克·赫兹伯格、大卫·麦克里兰以及弗里茨·海德知道原因。如果了解了人类行为的这些模式，你也会明白。

让我们从马斯洛的需求层次理论[7]开始。创立于1943年的这个模式至今依然推进着动机理论的发展。马斯洛创立的这个人类需求理论像一个从地面建起的金字塔。根据这个模式，我们首先争取满足生理需要（住所、食物、水），然后向更高的3个需求层次转移（安全、归属和自尊），最后到达终极阶段——自我实现。马斯洛的理论可以帮助你理解不同状况下（比如失业或裁员）激发下属的因素，而且可以解释为何员工难以接受改变。当你了解到自己的员工目前以哪一方面的需求为主，就可以在谈话时做出调整，也可以相应地改变管理方式。

1958年，海德发布了他的归因理论，关于人们是如何对周围的世界进行归因的一种模式[8]。海德认为，人们或者把行为结果归结于外因（外部的手段、因素或力量），或者归结于内因（可以掌控的要素）。这就是内/外控倾向模式,它对于理解人们看待事物的角度非常有用。归因理论可以用以解释领导者所遇到的许多防御性或消极态度。如果一个雇员把一切过错都归咎到他人身上,这个模式能够帮助你让这个雇员认识到：一些问题是由他自己的行为或态度造成的。

任何一位用心学习领导艺术的人都应该了解人类行为的基础。

1959 年, 赫兹伯格发表了基于马斯洛理论之上的双因素理论[9]。根据这个理论,满足和心理成长是激励产生的结果。赫兹伯格认为,人们首先寻求满足保健因素,诸如安全、收入、地位、工作条件等等,之后才会受到诸如成就、进步、不断增强的责任等因素的激励。此外,作为领导者,你需要了解员工如何排列他们的满意因子,如果他们在担心自己的薪水,希望利用成长机会来激励人就会很困难。

1961 年,麦克里兰创立了他称之为"需求理论"的框架,从而拓展了动机研究。他认为人们主要受 3 种需求的驱动:1)成就需求;2)亲和需求;3)权力需求[10]。根据他的理论,人们大体可以归于这 3 类中的一种。主题领悟测试(TAT)提供了一个测量方法,到今天依然是一个流行的领导力训练工具。一想到公司领导团队中的某个人,就会对他的主导需求有一个大概的感知。事实上,了解你自己的主导需求是个相当不错的主意，因为它可以促使你作出许多决定。当你培训下属或者为他们做发展规划时，这个理论也会帮助你更有效地了解他们的需求。

学习经典模式、框架及领导理论并非要你成为"领导力方面的书呆子"，任何一位用心学习领导艺术的人都应该了解人类行为的基础。不仅仅你自己需要明白这些理论，而且也应该把知识传授给团队成员。在员工例会上，每次拿出一个理论供大家讨论，可以把它作为发展任务布置给团队成员，要求他们做研究并引导他们讨论。学习这些理论和模式，形成一套属于自己的管理体系，你一定会熟练掌握领导力基础，反过来它也会帮助你摆脱束缚，在公司树立自己的声誉。你不会介意成为领导艺术的大师，对吧？

学习伟大的领导思维

1. 对领导艺术这个主题保持好奇心，学习基本理论来解释人类行为。

2. 学习描述经典过程或经典工具的模式和框架，了解领导艺术的最佳范例。

3. 既当好一名学生，也要做一位老师：把这些模式和理论传授给你的团队，要求他们进行研究并听取其汇报。

第 *19* 节

从前……

——擅长讲故事

上一次你听公司高管发表演讲是什么时候？他表现的如何？你觉得有吸引力吗？你能领会其中的含义吗？你可以把内容传达给团队吗？有令人难忘的部分吗？他与观众的互动如何——你能说清楚吗？事实上，领导者常常有机会向雇员发表演讲或进行演示，要尽可能让自己的发言与众不同。今年你大概已经给团队作了好几次讲话，表现如何呢？你对自己的言谈举止满意吗？你心里是否有一个特定的目标？达到了吗？尽管你已经陈述了有说服力的事实、有冲击力的信息以及明确的工作步骤，但如果你希望成为一位有影响力的公众演讲者，还必须具备一项技能：讲故事的艺术。

到目前为止，讲故事对领导者而言是传递信息、分享经历与激发听众的重要手段。这种形式拥有久远而灿烂的历史。自从人类开始用语言交流，就开始了讲故事的历史。在有写作形式之前，故事就是教授和分享智慧的主要途径。无论讲述的是真实经历，还是童话或寓言,故事都作为珍藏记忆与分享知识的方式而代代相传。这种最古老的交流形式迄今为止都是无可比拟的,这难道不是非常神奇的现象吗?

故事可以栩栩如生地传递信息,并有助于记忆。故事能够突出重点,增加演讲的生动色彩,使人们更好地理解你说的话或布置的任务。在聆听任何一场演讲的过程中,当你的注意力开始分散的时候,如果演讲者开始讲故事,你注意一下自己是否立刻就会回过神来。这就是故事的力量。我们从小就养成了习惯,听故事的时候聚精会神,等着知道结尾。事实上,你的幻灯片会在人们的记忆中变得模糊,你的统计数据会随着时间流逝变得过时,而故事恰恰可以成为你的演讲和展示留给听众或团队的东西。故事与人物密切相关,它便于领导者向队员传递信息。讲故事并不难,你每天都会不假思索地重复这件事情。但如何把故事情节融入你要表达的信息中就是一种艺术,需要一些想象力和策划能力。下面列举了 4 个技巧,你可以争取在下次演讲或展示时用到你的故事当中。

把故事与你的重要信息相联系

首先,一定要在故事与重点想表达的信息之间建立联系。在演讲中究竟要讲几个故事并没有确切之规,但你最多只能努力表明两三个要点。确保每个要点都能借助一个故事来予以阐明。让我给你讲一个故事来说明如何具体操作（看看这是件多么容易的事情）。几年前,我们的人力资源团队正在策划一个新的内部营销口号。我们希望使用"重要时刻"的概念来表述我们与雇员之间的理想互动（我们希望雇员同人力资源团队的每次接触都成为有意义的行动），来宣传自己的客户导向技巧。我当时作为人力资源部门的几位高管之一，需要发言来支持这个新的创意，于是我与大家分享了鲍勃·格林的《小镇往事》[11]中的一个故事。这本书描写的是发生在内布拉斯加州北普拉特的故事，那里的居民在火车站开办了一家24小时营业的饭馆，给二战中穿梭于军列的美国士兵带去了种种欢乐。这个故事令我印象深刻的一点是列车只在北普拉特站停靠15分钟。在这短暂的时刻中，在这个偏远之地，士兵们体验到了源源不断的爱与慷慨，胜似多年比邻而居的关系。"让每次相关的互动都有意义"的精神在这个例子的帮助下变得生动起来。这样的关联使下属了解了他们将如何去努力。之后，我的故事得到听众的许多正面反馈。他们认为，这个故事帮助他们在情感上与我们倡导的这种精神相联系。这个特定的故事有何寓意呢？努力使故事与你的要点相匹配就会让表达效果更加生动有力。

你的幻灯片会在人们的记忆中变得模糊，你的统计数据会随着时间流逝变得过时，而故事恰恰可以成为你的演讲和展示留给听众或团队的东西。

第二，认真打造你的故事。使用任何故事，切记要有开头、主体和结尾，尽量简单易懂。一般可以这样开始讲故事："我来给你们讲个故事说明这一点"或者"有一个故事恰好能阐释我所讲的内容"。然后清晰地表明故事如何能与你的信息相结合（如果你让听众自己去寻找关联性，那么故事就起不到作用了）。

第三，在当今社会，确保你的故事在文化意义和政治意义上的正确性是非常重要的。你的故事不能伤害任何一部分听众，否则就会遭遇说错话的尴尬局面。寻找一些在你看来聪明幽默的故事，但一定要不失体统，否则干脆别讲了。

最后，让故事尽量简短。故事最好在一两分钟内讲完。进入故事，说明要点，然后继续往下进行。如果你徘徊于一个结构混乱的故事，讲上 10 分钟，那么就会失去听众——因此要力求简短，而且要带有感情。

什么样的故事效果最好？从自己的经验中获得的例子最佳，尤其是一些让你感到"从错误中有所收获"的例子。还有一些历史上杰出领导者获得的教训也是不错的选择。在自己公司中吸取的教训当然会大受欢迎，因为它与听众有着直接关联。

即使是古代寓言童话也可以奏效，拿来分享也会有许多乐趣，但一定要与你的重点相关（你可以向几位同辈寻求反馈，看他们是否发现了同样的关联性）。

成为出色的演讲者是实现自我提升的最好途径之一，提高讲故事的能力对你的帮助会很大。当你下一次要作演讲或展示时，给故事留点儿空间，然后在你说到那 8 个神奇的字眼时，观察一下听众的反应，它们就是"让我讲个故事给你……"

擅长讲故事

1. 在下次演讲或展示中添加几个故事，利用故事的力量与听众建立联系。

2. 故事要与你的重点信息明显相关。不要让听众自己去寻找关联性——把比喻阐释清楚。

3. 成为一个会讲故事的人，人们会期待下次还在台上看到你。设想一下这美妙的情形吧！

第 *20* 节

这就是我

——分享你的领导力基础

这世上有两种人：一种人像孩子一样喜欢美术课；另一种人对其心生恐惧。

你知道自己也在这两个阵营当中的一个——不要尽力隐藏。这样说吧，你喜欢参与那些需要你画画的游戏吗？这么考虑之后，我们就会发现小学二年级之后的事情就不会发生太大变动了，对吗？而且这一点也已经带入到你的工作当中了吧？好的，无论你是个有艺术天分的人还是一个画根手杖都很困难的人，下一个挑战对你都有意义。你可以使用任何一个天分去创建自己的领导技能。无论你采用何种方式，结果都会不错，因为这完全符合你自己的情况。

我们来做一个游戏：在一张白纸上用文字或图形描述自己。准备，开始！只是个玩笑——我再多给你些提示（只是想干扰你的固定模式）。首先，多大的纸都可以，你可以选择一张规则的复印纸，也可以选择一张海报纸来挖掘一下自己的艺术天分。好了，准备好纸笔了吗？这就是你全部所需要的——现在,在纸上填满能界定或描述你这个人的信息。写下或画下你脑中浮现的一切,捕捉一些有助于他人理解你或明白你个人经历的信息。你从哪里来？你的价值观是如何形成的？什么对你是重要的——你为何工作？什么激励着你？你的兴趣是什么？它们怎样影响你看待世界的方式？任何能够表明"这就是我——这就是我的所有"的内容在这个练习中都是允许的。

创造出一页长的压缩文本来说明你是谁,解释你身为领导者的原因和风格是什么。

你独特的经历是什么?

我第一次知道这个技巧是通过卡尔·沃尔沃思,他是我曾经供职的一家公司的高管,我当时负责领导才能的学习与发展工作。之前,我们曾邀请卡尔在高潜力领导才能项目中发言,因为他在仆人式领导和实践公司价值观方面都是行动楷模。大家都知道卡尔是一位出色的领导者,所以我们渴望听到他谈一些复杂的管理组织机构和领导变革方面的内容。当时,我们在准备会议的时候,通常都会先看看高管们的幻灯片,以便能保证信息的同步。当我们遇到卡尔的时候,他说他想讲几个故事,而且只有一张幻灯片给大家展示,但会分发给大家的。我们提出是否可以先看看,他用发亮的眼神看着我们,说:"相信我,我用它好多年了,大家应该会喜欢的。我会带到会场的。"

于是我们相信了他,我很高兴当时能那么做。据我所知,他今天依然给大家教授同样的课程。你知道他为什么这么受欢迎吗?因为他只讲故事,发自内心地谈领导艺术以及对他的意义所在。他谈到自己的父母,谈到了父母教给他的那些至今依然受用的经验教训。他谈到了自己的家庭和爱好,以及这些东西给繁忙的工作带来了多么必要的平衡。他鼓励与会者把自己根植于个人的价值观当中,最后他拿出了自己的讲义。他谦逊而热情地给大家传阅。这是一次神奇的会议,参与者好评如潮。我记得自己当时吃惊于这份文件的简洁和雅致,会后我曾问他这东西的名字。卡尔只是耸耸肩说:"我并没有给它命名。当我把它拿给团队的新成员时,就会说:'这就是我。我希望你了解我来自何处,这就是你体验我的领导力的方式。'"那个周末,我取出一张纸,写下我自己的"这就是我"的文稿(见图表5)。我原以为,当一个人有了新观点时,还可以不断更新他的文稿。但后来我发现这没有必要,今天这纸上的一切依然如我多年前的风格。像卡尔的文稿一样,这是我的初稿,也是终稿——它就是这个练习的美妙之处。

你为什么要这样做呢?我想问题应该是:你有什么理由不这样做呢?加一些很酷的东西在你的领导力工具箱中——让你思索什么是真正重要的东西。通过这份文稿,你可以与他人分享你的领导力基础。发挥创意并从中获得乐趣吧!你有可能选择不同的标题,

图表 5：我的价值观

成长
家庭影响很重要 有灵性——聪明 信任他人——他人也会信任你 朋友非常宝贵——珍惜他们 尽可能地去多体验——生活的本来面目
我的信仰
充实的生活 善待、关心他人 勇于冒险(冒险是我最喜欢的词)
我的风格
专注非常重要 开放的心态、诚实的态度 做事追求乐趣 热爱学习、求知欲强
我的背景
生于爱荷华州,长在南达科他州 精彩的童年——许多美好的回忆——父母培养我们的自立性 运动方面有天赋——学业起步缓慢
我是谁?
莫琳的丈夫、家人 贝基、布雷特和马特的爸爸(他们是世界上最可爱的三个孩子) 兄弟 儿子 旅行者 体育迷(喜欢洛杉矶湖人队)
目标和梦想
保持健康的身体和积极的心态 走遍50个州/到50个国家旅游 学习弹吉他 明尼苏达维京人队赢得"超级碗"
我如何打发时间
旅行 运动 垒球 音乐

使用更多的图画来分享你的故事。最后,你创造出一页长的压缩文本来说明你是谁,解释你身为领导者的原因和风格是什么。一旦你确定了自己的文稿,把它拿给团队分享,鼓励他们创作属于自己的那一页,找一个阳光灿烂的日子,走出去分享这一切。

无论你的创意水平如何,你都不能错过这个练习。只需想想,这会让你二年级的美术老师感觉多么骄傲啊。

分享你的领导力基础

1. 你是谁? 想想对你而言重要的一切,把它们写或画在一张纸上。

2. 把这份文稿与你的团队、同辈、上司还有其他人分享,让他们了解是什么在驱动和激励着你。

3. 把你的"这就是我"文稿当做一个教学工具。通过这样一个很好的方式,讨论工作和生活的平衡关系以及你优先考虑的事物。

第三章

对周围的一切保持好奇心

获得了一些新的领导技能之后,你需要开阔视野。提升领导力也意味着拓宽思路,了解你的办公室(和公司)以外的东西。世界在不断缩小,而你却要放宽视野。随着自己在公司的职位不断高升,你应该具备更广阔的视角看待世界。如果你认为公司会替你做这一切,那么请三思。你需要亲自去做这件事。

　　让我们从你的商业才能开始说起。你对自己领域内的新发展有多少了解?你是主动出击还是恰巧获知了最新思路后才会采取相应对策?你是否完全了解公司的战略?你知道公司的其他部门都在做些什么?你的竞争者的情况如何?他们在忙什么?设想一下,如果你被叫去在今天下午的会议上做10分钟的展示,分析一下公司的5个主要竞争对手的优势或劣势何在,你做好准备了吗?还是你担心会出丑?好了,你是公司的领导者——你应该了解这类情况。行业之外的情形如何呢?与你的公司截然不同的那些企业发生了什么变化?你可以从中学到什么?要富有创新精神,挖掘供货商和销售商的资源,或者把手伸向你巨大的关系网,去寻找、了解最佳范例。什么?你没有强大的专业网络?那么赶紧建立起来吧,你不是这样想的吗?你是否在网络上建立了自己的社交圈,或者通过参加会议或研讨来拓展你的视野?

　　学习一些其他国家的文化怎么样?如果眼下没有外籍人士在你手下工作,但或许很快就会有这种机会。要对目前的团队多投入一些精力,多去了解一些深层次的内容。如果你满足于在办公桌前获得的视野,那么就跳过这些章节。我敢肯定,公司中有许多领导者会暗自高兴,因为他们可以忽略你的存在。毕竟,这是你的事业啊。

第21节

做一次虚拟环球旅行

——学习其他文化

如果你从事管理工作，那么团队中有一个与你不相像的人，是个难得的机会。不相像——这话听起来有些奇怪。我在这里指的是不同文化背景。你明白了吧，是那些拥有不同生活经历的人，他们与你的生活背景不同，走过的道路也不相同。

第一次去管理一个来自陌生文化的人，这件事有些可怕，不论对你还是对你的雇员而言。你们可能拥有不同的价值体系、宗教信仰、家庭传统和饮食偏好——凡是你能列举出的一切。语言不同会引起交流障碍，职业道德差异也会造成工作目标不同。或许你们从宏观上还存在政见差异，这会给经营策略上的一致带来挑战。无论文化差异是什么，把不同背景的人融合在一起对双方而言都是件令人头痛的事情。

因为你是管理者，你有义务去克服这个文化的分水岭，促成正常的工作关系。诚然，员工有责任推动工作的顺利开展，他们也应该遵守公司的规定,主动去适应工作环境。但作为领导者,你的职位更高,发挥每名员工的长项、创建高效团队、达成最佳效果是你的工作职责。你也应该努力帮助每位员工意识到自己的潜力。如果你根本不了解员工来源及他们的价值观就很难做到这一点。

学习一种新文化

现在,你大概已经猜到话题的走向了。为了解并管理来自不同背景的员工,你需要知晓他们的生活方式。如果你希望创建积极而宽容的工作场所,就必须率先去理解和接受他国文化。如果你想从培训和发展中有更大收获,就必须知道激励人的因素(更多关于了解员工的内容,参看第25节)。

简而言之,你需要好好做功课,对周遭的世界保持好奇心。这是你成为杰出领导者的一个最佳(也是最有益的)途径。如果你一直逃避这件事,或者因为你认为别人应该适应你,或者因为你太懒而不愿做这个调研,那么可要好好考虑一下,你正在丧失一个绝佳的机会。利用团队多样性的优势,了解来自不同文化的队员所体现出的思维、风格和观念上的差异性。付出这些努力是值得的,你要从花时间了解他们的世界做起。

学习他们的文化规范。寻找一个方法去了解他们主要的文化内容。知晓特定文化的喜好和禁忌对于密切关系帮助很大。来自不同文化的人用不同的方式与人交往、庆祝成功和接受反馈。学习这些细微差别,然后把它们运用于有效管理当中。举例来说,在有些国家,当团队成员作长时间的个人发言时,其他人不去打断人家,这被视作礼貌行为。而你的会议风格是快节奏的,大家可以七嘴八舌、畅所欲言。于是会议中有人很不情愿参与发言就变得可以理解了。不要认为这个人不够聪明、反应迟钝,而应该看到潜在的规范,这个员工之所以难以适应可能存在深层的文化原因。

了解其他文化的简单办法就是阅读相关书籍或上网寻找特定内容。一个非常重要的文化要素是宗教,它对解释一些特定行为和观念非常有帮助。哈斯顿·史密斯所著的《世界宗教》[12]是你可以借鉴的宝贵资源,让你能够通晓世界上的7大主要宗教。相信我,这本书值得一读。

还有一个学习途径:与你的员工坐下来,说出你对了解他们文化的兴趣。询问他人的背景情况要先征得对方同意,表达自己想要更多理解他们文化的愿望,这样做是为了更好的沟通并帮助他们取得成功。他们很可能非常乐意接受你的提问,与你谈谈文化差异问题给工作带来的极大挑战。做好倾听的准备,并做试探性的提问,真正了解差异的关键所在。通过几次交流,你就能更深入地理解他们的文化。

了解他们的文化与你的管理风格之间的关系。无论你在学习管理某位雇员还是身处海外市场需要管理整个团队,你都应该在某些方面做出相应的改变。当然你不可能去适应个人的所有需求,但领导者需要灵活变通,调整自己的方式去适应不同的文化规范。例如,为某件具体的事情而去斥责整个团队在有些国家是可以接受的,但在另外一些文化当中会被视为无礼的行为。下班后还要参加与工作相关的社会活动对有些雇员来说不成问题，但另外一些人就会感到不方便。有些人擅长于单打独斗（反之亦然），如果把他们编入团队行动，就不能充分发挥他们的个人才干。

对不同文化背景的人进行管理最重要的一点就是具备开放的心态。尊重是团队平稳运转的润滑剂。

评估一下你的管理风格，看看可以利用哪些机会体现出你对文化差异的重视程度。最开始，你可以学习员工母语中的几个单词（即便是简单的"请"、"谢谢"和"早上好"也可以体现出你学习他们文化的诚意）。或者，你也可以了解不同的节日或纪念日，它们或许在你的办公室并未得到重视。举例来说，如果你对伊斯兰的斋月或犹太人的赎罪日有所了解，想想看，这对于那些庆祝这些节日的员工而言有着怎样的意义。你的员工也会注意到你的诚意并对你心存感激。

利用你的文化知识为公司整体服务。了解别国文化无疑会帮助你成为一个好的管理人员。同时在大家的眼中，你具备全球化的视角，可以洞悉多变的市场，是一位拥有大视野的领导者。那么该如何运用这些知识帮助公司发展呢？你的知识如何帮你创建更优质的产品、更个性化的服务和更深层的人才渠道呢？环顾你的四周，争取把你的知识与公司的发展机遇结合起来。

换句话说，如果你证明自己能够掌握不同文化的工作知识，你有可能被看做是一个更全面的领导者，一个下工夫开拓新领域的人。而且在当今社会，这非常重要。如果你肯花时间去学习外国文化，并利用这些知识为公司成就一些事业，一定会有人关注你的。

对不同文化背景的人进行管理最重要的一点就是具备开放的心态。尊重是团队平稳运转的润滑剂。如果你对员工所属文化表现出尊敬的态度，那么你的管理最终就会很有成效，你的团队将很有战斗力，你自己也会从中获得成长，在帮助他人的同时也提升了自己的领导形象。这两点原因促使你去发挥调研能力，认真做好功课。

学习其他文化

1. 如果你要管理不同背景的员工，就努力学习他们的文化。进行深层调研以获得相关规范与传统知识。

2. 为他人做出榜样。在了解文化差异性和文化敏感度方面走在公司的前列。

3. 把你的知识拓展到公司整体。考虑一下如何利用这些信息帮助公司成长与成功。

第 *22* 节

这就是我们做的事情

——学习业务

　　你是否想知道大公司的一个小秘密呢？只有一线的员工真正与顾客打交道，而那些在"后勤部门"或总部的员工根本不接触客户。这个秘密就是许多大公司的员工（包括很多领导者）并不清楚公司是如何运作的。公司那么大，员工和经理人忙于自己的职能或负责的部门，他们没有时间（或者根本没有兴趣）去深入了解公司如何赚钱。是的，他们了解公司从事什么业务，或许也了解公司的主打产品或服务，但如果问起客户服务、财务状况或生产方面的细节，他们就有可能只是耸耸肩膀了。

　　如果你供职于一家小公司，可能会对我的言论不以为然。你会想："你怎么能不知道公司的产品或客服情况呢？你怎么能不知道像利润率、单位价格或销售成本这样一些重要的财务信息呢？"当然，一些大公司中掌管经营的领导者可能会对公司的运转状况有较为清晰的感受，财务主管可能会对赚钱的方式有着明确的认识。

但真实情况是，你有可能在一家大公司工作了很多年却从不懂得生意。这是实情——我亲眼所见（并且也亲身经历）。如果你曾在一家大公司工作过，就有可能会明白我的意思。

无论你工作的公司规模大小，如果你不懂得公司在业界立足的根本，那么就需要做些功课了——这是领导力自我发展中最为迫切的内容。你不愿人们发现你的无知，对吧？作为公司的领导者不了解公司的运营状况，难道不觉得有些尴尬吗？如果你认同我的观点，如果你意识到自己并不了解许多应该了解的情况，那么就需要立刻去扭转这个局面。下面告诉你如何去做。

走近一线

你当然可以从许多地方寻找答案。首先，你真正阅读了年度报告还是就把它放在书架上充充门面？嗯，是的，这是刚送来的，你应该会读的。年度报告不是只为审计部门和公司新人准备的，你需要翻阅一下，从中获取公司运营方面的一些有价值的信息。第二，阅读公司的对外（和对内）网站。四处点击看看，发现一些新情况和有趣的新闻（比如新的扩张或刚刚宣布的收购），了解一下高管和董事会成员的简历。位置在你之上的领导者都认识这些人，你没有理由不认识他们。再了解一下公司内部的人事更迭状况，看看目前的组织机构图是个不错的主意。第三，在公司的每个业务领域都找到一位同辈，让他告诉你产品或客户生命周期的概念。让在财务部门工作的一位同事告诉你资产负债表的情况（参见第 36 节）。这是一个了解业务细节的便捷方法，还可以把顺便发展的人际关系作为对自己的额外奖励。另外一个了解公司的办法就是接触企业大学或学习中心的管理者，向他们打听"商业基础"课程的情况。他们很可能会提供给你一些关于公司运营的网络课程，你可以在业余时间学习，同时给人留下一个有商业头脑的印象。如果幸运的话，他们有可能给你的整个团队提供一次不错的课堂体验。

这些技巧都可以帮助你尽快了解公司的详细情况，你应该经常使用它们。但没有什么能比得上亲自去拜访一线团队，亲眼看看公司在做什么业务，生意是如何展开的。没错——如果你真的想了解公司运营的模式和赚钱的方法，走出你的办公室，走到公司会见客户的地方去感受一下真实的情况。

体验一下公司的一线业务，你会感到与公司拉近了距离，你将有事实可以去分享，有故事可以支讲述，这也是每位领导者应该做到的。

核实一下你的公司是否有员工体验项目，它可以安排你与一线的同事共同工作。你和你的团队利用一两天的时间共同学习并分享体验。在我的职业生涯中，很幸运地曾有过两次类似经历。在百事公司时，我在公司旗下的必胜客工作，公司鼓励我们每年花上几天时间下到厨房体验。现在你会想象当时我有多熟练、多能干吧（答案是"不太熟练"、"不很能干"），但是员工们亲切地照顾我，给

我讲解应该注意的事项。虽然对于买走我做的比萨的那位顾客深感抱歉，但从那次体验中学到的内容比我在会议中用一年时间学到的还要多。利用这个机遇我去看了看我们的培训制度和人力资源制度究竟能否发挥作用，之后还带回了不少好想法和经验教训。同样，在第一资本金融公司工作时，我的团队参与了一个项目，其中公司高管与客服代表坐在一起接听真实客户的来电，至今谈起来都令人感到惊心动魄。我们当时不知所措，好在都挺过来了（在一些出色的员工帮助之下），但我们明白了客户和客服代表面临的许多问题。我们原来并没有意识到业务熟练起到的重要作用——现在让我告诉你，你们公司的客服人员最了解业务。

如果你的公司还没有这样的正规项目，那么就安排一些接听销售电话或店铺值夜班之类的活动，因为接听顾客电话（表扬和投诉的）和拜访店铺都能够了解到产品的真实状况，与员工聊天就会发现一些能说明利润率或净收入的细节。努力去了解公司的运转情况，然后运用这些知识去调整你的计划、预算和提案。一旦你能近距离地了解他人的工作，我保证你自己的工作就会发生改变。这个月去体验一下你们公司的一线业务吧。你会感觉不错，会感到与公司拉近了距离，也不必再担心下次员工会议上无法回答业务问题了。你将有事实可以去分享，有故事可以去讲述，这也是每位领导者应该做到的。

学习业务

1. 你是否了解你应该了解的公司情况呢？如果答案是不，就做出切实的努力去学习业务。

2. 拜访公司的一线员工，了解产品和服务的情况。

3. 把你的经历带回到工作中去。你发现了什么问题？你和你的团队能够在哪些地方增添更多的价值、形成更大的影响呢？

第 *23* 节

盯紧你的朋友

——管理你的关系网

现在,你已经明白了一个道理:不可能完全依靠一己之力来提高你的领导能力。领导者最本质的工作就是与人打交道,这也是你进入这个领域与人协作的理由。其实,你需要他人——你不仅仅需要去领导他人。你还需要他人给你提供反馈意见、想法观点和鼓励支持。你需要与人交流信息、取得联络并向他人求教。或许最重要的是,你需要他人赞扬你并推荐你。简言之,如果你想提升自己的领导能力, 得到他人的支持是非常重要的 (更多关于关系网的评述,参见第 2 节)。

这个时候,你明白了关系网的重要性,其实自从你进入职场就应该明白这个道理。尤其是当今的时代,尤其是作为一个领导者,你更需要去编织关系网。如果你已经成为一个不错的关系网使用者,如果你已经发展了许多人脉关系,而且不断更新,这非常好。如果情况并非如此,或者是因为你不喜欢交往,或者你太忙而无暇此事，或者你认为无需结识新人。是上述这些原因之一吧？仔细想想——选出你的原因（要诚实）。好，你了解情况了吗？太好了，让我们探讨一个办法，可以改变你的社交现状。

从关系网的名单开始

你可能会有个感觉：这本书中很多练习都是从一份名单开始。这么想就对了。写下你在商务领域中认识的每个人——绝对是每个人。包括每个你曾遇到的或共事过的人，回忆你曾经的工作岗位或就职的公司，写下那些你希望再联系的人、一直保持联系的人、或者仅仅是关注过的人（参见第8节）。把目前公司中你希望结识或共事的人写下来，还有供应商、新招聘的人员、业务合作伙伴、客户、联系人等等。不要漏掉任何一个你认识、需要认识或想认识的人（显然，你会认为这个练习会花上几周时间才能完成——但它可能只花一会儿工夫）。把所有的名字都放在一个你能轻易看到的文件中，然后就开始管理你的网络。

领导者最本质的工作就是与人打交道。

我使用一个简单的电子数据表来管理我的关系网，我推荐你也使用这个方便的办法来跟踪这些人的情况并安排自己的社交活动。首先，把你的关系网分成不同意义的小组，比如原先的公司、供应商、贸易协会等等，这样有助于你把名单进行不同分类，从而决定何时或采用何种方式见面。在人名后面，创建"当时"一栏，注明你当时是如何认识他们的，写下他们的职位和公司。接下来，因为人们常常换工作，你再创建"现在"一栏，注明目前他们的职位和公司。使用接下来的两栏记录他们的目前联络方式（把这两栏命名为"电子邮件"和"电话"）。然后（而且这一栏非常关键）创建"最近联络"一栏，写下最近你听到的关于他的消息。如果你确实与之联系过，只要写下日期即可——你需要一个与关系网的实际接触记录，而不仅仅是你的努力情况。接下来，计划你的下一次联络：你准备何时与他们再次联系？把这一栏称为"下次联络"。最后，创建"备注"一栏来记录你们的谈话内容或者你希望保存的任何相关信息。

每天都使用这个名单

每天都要打开并使用你的电子关系表格。严格地说，不应该出现有一天不去更新表格的情况。每次当你与联系人发生接触，就更新你的"最近联络"栏。然后立刻去计划下次联系的时间填在"下次联络"栏（我希望每年能与关系网中的每个人联系两次，因此我会根据这个表格作计划）。及时更新这些联络信息，如果有人搬家、更换电话或更换邮箱地址，要尽快更改过来（这非常重要，不要偷懒，否则就会失去联系人——如果信息过时了，就毫无用处）。另外一个有用的技巧就是记录你认识某些人的方式。我在"现在"栏记下我遇见某人的场所和介绍我们相互认识的中间人。在"备注"栏,写下帮助记忆这些谈话、承诺和关键点的任何信息。有时,我也会写下对这种关系的感觉及下次希望达到什么样的效果(我可能想多联络或者请求对方帮个忙)。

活跃的网络关系可以帮助你去寻找过去的老朋友和老同事(登录一些社交网站,像脸谱网〈Facebook〉和商务化人际关系网〈LinkedIn〉,寻找他们的下落)。使用它来跟踪公司外的业务联系人——一些你忘记打电话或写邮件的人(这些人非常重要,尤其当你希望通过广阔的网络帮你谋职的时候)。使用它可以让你认识更多公司的员工。其实,你可以"预先填充"这个名单,来激励自己去结识这些人,然后及时更新电子表格中的信息。

你的网络中应该有多少人呢?答案很简单:尽你所能,越多越好。当你希望与某些人重新联络的时候,不必担心自己无话可说或者他们接到你的电话、邮件会感到厌烦。他们会用行动让你明白他们是否愿意(或时隔多久)与你联系。根据情况联系几次之后,再决定是否把名字删掉(我从未彻底把某人从名单中删除,但我会把没空与我联系的人用灰色标明)。谁应该出现在你的网络中?任何一个 a)你想保持联络的人,b)需要保持关系以便完成工作的人,或者 c)感觉你现在或将来某时能够帮助他(或他能够帮助你)的人。

与许多领导技能相似,建立人脉网络也是一门艺术——这门艺术需要你添加自己的印记。你非常聪明,知道这些关系不可能自然而然地得到延续,你需要与他们见面或接触。把你的网络变成一个工作文件,每天实施管理。建立关系需要系统化和有计划,并且不断去挑战自己建立(并使用)更强大的关系网。毕竟,你永远都不知道何时会用到它。

管理你的关系网

1. 建立健全的关系网来维护与业务同事和关系人的联络。首先写下你认识或应该认识的每个人的名字。

2. 把你的关系网变成一个"工作文件",每天都要使用并及时更新。

3. 前瞻性和战略性地使用你的网络,有计划、有组织地确定联系人和联络原因。

第 *24* 节

那个叫互联网的东西
——利用科技的力量

没错,我们不能再绕开这个话题了。让我们开门见山,我在这里大胆地猜测一下,你并没有充分利用一个生活中最伟大的学习工具。或许你听说过它,一个我们称之为"互联网"的小东西。或许你知道如何使用——你用谷歌或必应(Bing)等搜索引擎寻找你想知道的东西,犹如变魔术一般,答案就会出现。互联网的伟大之处就在于它像一台可以 24 小时提供信息的自动提款机,你可以在任何时间找到任何地方的任何东西。但你是否把它当做发展工具来充分利用呢?你是否使用它获得前瞻性的进步呢?你是否在战略上使用它来提高领导技能呢?

首先,你每天会通过各种媒介来获取新资讯,比如报纸、广播、电视、移动装置等等(如果情况并非如此,那么你应该这样去做)。当然互联网以这个功能著称——越来越多的人通过它来追踪即时新闻。但你是否正在使用互联网来学习更深层的知识或技能呢?你是否正在使用它来了解新观念、表达个人观点、改变固有看法、进行综合调研以获得有效领导的新创意呢？让互联网为你所用是一门艺术，如果你富有好奇心并经过一些练习，它能够轻易地被掌握。下面有3个使用互联网的方法可以让你变成一个更为出色的领导者。

你的方法是否得当？

首先,利用互联网给你的知识库增加深度。寻找4家含有评论和信息的在线网站,给它们加上书签,然后定期好好阅读(这是最困难的部分)。最后一点引起你的关注了,对吧？坚持定期的检索信息需要非凡的毅力,的确没错。但是如果你用心,就能做到。下面是我的做法,对于每周的信息检索,我选择每周中相同的时间登录并浏览我喜欢的网站(对我而言,周五晚上是不错的时间,因为要为下周做准备工作)。在每月相同日期检索按月出版的刊物也可以确保我总有新材料来阅读。

我推荐你选择一家每周世界新闻网站、一家每周财经新闻网站，一家每月行业领域检索网站和一家领导艺术或培训理念方面的每月评论网站。选择那些提供公正观点或呈现多元视角的网站,是的,你需要一些时间和训练才可以做到这一点,但任何有意义的事情都需要付出一些努力。第一步,花时间寻找合适的网站,寻找那些你能真正有兴趣去按时阅读(或浏览)的资源。不要把太多网址变成书签——结果肯定是你不会去阅读其中的任何一个(他们只是你心目中的"参考文献")。坚持只有 4 个书签，坚持按时阅读（当你找到更好的资源，可以经常更换）。把这个文件夹命名为"我的阅读书目"来提升它的地位。养成固定习惯去访问这 4 个网站寻找"你能够使用的信息"，把这个任务当做你的发展计划，可以邀请一个同辈来监督你去归纳网上学到的内容。追踪最新的思想和创意并不容易。这些内容并不会神奇地自动跑到你的面前——你必须主动去寻找，一旦找到，就要真正消化它。幸运的是，互联网是这个世界上最大的图书馆，而你是它的终身会员——但你必须利用它！

提升领导力的资源中心

第二个使用互联网的途径就是研究特定的发展理念和技巧。假设你已经获得了反馈意见：你应该更加有效地去倾听或者授权。那么，接下来该如何去做？如果你没有导师，也没有企业大学可以提供帮助，那么就上网去搜索提高这方面技能的建议吧。关于特定的发展问题，在网上有大量不错的内容可供参考。寻找领导艺术方面的专业网站，然后就一个特定主题考虑不同来源给出的建议。一旦你开始反复阅读相似的建议，就会确认它的合理性，因为它建立在广泛的经验之上。寻找那些可靠的资源，比如权威的行政教练或咨询师，他们会把相关内容免费放在网上以供浏览。在这个过程中，不要只是浏览那些最新的材料，要大量地做笔记并制订计划，去想法付诸实践。把这些资源放置在不同名称的文件夹中（比如：

战略、倾听、培训等等)便于你可以不时回头查阅。实际上,你在建立自己的领导力技能发展资源中心，你可以与那些有同样困惑的人共同分享这些资源。

互联网是这个世界上最大的图书馆，而你是它的终身会员——但你必须利用它!

利用社会网络

最后，上网浏览那些关于领导艺术或你的专业领域的公共论坛网站。你大概已经登录过一些像商务化人际关系网(LinkedIn)这样的网站,但是你充分利用它们了吗? 求教于一些做相同工作或致力于迎接类似挑战的人士,他们可以帮助你拓展视野和思路。可以加入当地的、全国性的或世界范围的论坛来交流信息。如果你真的雄心勃勃,也可加入两类网站:一类网站是你的专业领域(金融、信息科技、市场等等),另一类网站致力于领导艺术研究。互联网允许你按照自己的节奏、根据自己的条件做"被动连接"。花时间寻找一些合适的网站,定期浏览内容、追踪那些对你有价值的讨论主题。谁知道呢,你或许还可以建立一些关系,能够让你在职业生涯中走得更远。

它就在那里,那个最伟大的学习工具。无论它意味着信息、调研还是交往,但毫不夸张地说,全世界每天 24 小时都在你的指尖

下。你该做些什么去利用它的优势呢？带着一个目标开始网上冲

浪——战略性地利用互联网。世界正在等着你！

利用科技的力量

1. 把主动利用互联网促进个人进步作为你的例行工作。

2. 掌控你的学习，寻找相关知识和理念让自己不断向前。

3. 通过建立新关系来拓宽视野，加入一家在线领导力论坛或
网络。

第 *25* 节

这些人是谁？

——了解你的团队成员

领导艺术是关乎他人的艺术。如果你无法把他人吸纳进来帮你完成工作，你就不能成为一个真正的领导者。道理很简单，领导者需要下属就如同下属需要领导者，依靠个人之力无法做成大事。杰出的领袖都深谙此道，他们下放权力，培养并体恤下属。但前提是你了解他们——不能只把他们当做雇员。

你如何才能更了解下属呢？如果你有直接下属，你需要去挖掘每个人的与众不同之处。他们来自哪里？什么可以令他们激动？他们为你工作的原因是什么？员工希望以工作以外的方式与领导或公司获得联络。如果对自己的员工根本没有兴趣，你就不可能完全了解他们的心思和想法。你或许可以把工作交付给他们完成，但不可能建立一支执行力强的团队，能够全心全意地对待你，对待工作。真正的领导艺术应该从对下属感兴趣开始。

这里有一个简单的办法可以更好地了解你的下属：问他们一

些私人问题。这不仅仅意味着周一早晨询问他们周末是如何度过的(尽管这是个不错的问题,但一定要发自内心,否则就是愚蠢和虚伪的表现)。如果你是一个新任经理或者你正在领导一个新的团队,那么就安排一些与下属的私人会面(参见第44节)来了解他们的个人情况,而绝不能仅仅把他们视为车轮上的一个轮齿。无论你的团队中有多少人,你都能够完成这个工作。退休的海军司令官迈克·阿伯拉肖夫写过一本很神奇的书:《这是你的船》[13],之前,他访问了"本德尔福号"舰艇上300多位船员。"本德尔福号"之所以成为太平洋舰队中最棒的舰艇,阿伯拉肖夫把它归功于了解自己的船员。如果阿伯拉肖夫舰长能在他上任几个月的时间就接见300多名官兵,那么在担任一个新职位后,你一定可以坐下来同6个直接下属好好聊聊。

杰出的领导会下放权力,培养并体恤下属。但前提是你了解他们——不能只把他们当做雇员。

不错,如果面对一个陌生的团队,你很容易做到这一点,但如果你已经与团队共事了一段时间,又该如何去做呢? 方法是同样的:个人访谈。如果你一直都是那种关心下属的上司,那么很好,你只需说明自己希望更加了解他们的背景和兴趣即可。但是,如果你之前从未对下属表示出任何兴趣,那么这样的举动显然会引起对方的一些怀疑。这种情况下,你只有一个选择:向大家表明,你希望

在这方面有所进步,并希望得到他们的帮助。如果真的希望把这个要素添加到你的游戏当中,你可能需要放低姿态,尤其是你平日就给人留下了不关心下属的印象。承认这是你过去的一个不足,然后问 5 个简单的问题,它们会对扭转你的形象有所帮助。

收集他们的故事

1. **"你在哪里(是如何)长大的?"**大多数人都喜欢与人分享他们的生活史——他们的出生地、成长历程、父母的职业等等。关注雇员的背景情况不仅表现出你的尊重,而且可以了解一些有用的信息便于实施管理。例如,在农场长大的人通常对于价值观及职业道德有着自己根深蒂固的态度,而生长在国际性大都会的人通常会与同辈相处愉快。

2. **"你的爱好是什么?"**你的员工在工作之余喜欢做什么?掌握一些他们的娱乐活动对了解他们非常有帮助。你大概能够在工作任务与员工个人爱好之间建立一定的联系,所以,关注下属工作之余的生活状况吧。

3. **"谁是你生活中最重要的人?"**了解他们最在乎的人和这些人的名字。如果你的直接下属有孩子,问问他们的名字。知道这个简单的情况可以让你对员工的个人生活变得敏感一些,他们遇到问题你也有可能提供帮助。重复一句,员工为你付出了那么多,了解一下他们心目中最重要的人是最起码的事情。

4. **"你热衷于什么?"**什么才能真正激励你的员工?他们或许喜

欢运动、政治或在社区做义工。在你的团队中,或许流传着一个动人的故事,说某人经营着他的非盈利组织——你对这个消息做何反应?如果你知晓真正激励他们的东西,就能获得更多的信息。

5. "在接下来的日子,你希望做什么?" 这个问题的答案提供了无数的暗示,包括你是否能帮助他们梦想成真。如果你了解到某人希望去国外生活,而你有能力通过调动或轮岗来实现他的愿望,结局会怎样呢?

最后,要有目的的去做这个练习。在访谈时一定要做笔记。有一次我面对 10 个直接下属,所以不得不飞快地记笔记(顺便说一句,这太多了。如果你有很多下属的话,必须好好安排一下)。当时人事变动频繁,似乎我每几个月都会迎接新员工。我知道自己记不住他们每个人的情况,于是我买了一个笔记本专门记录他们的情况,之后又把重要信息转移到索引卡片上。在我进行单独会面之前,会先复习一下索引卡片。无论你怎么看待这个"备忘单"的做法,我只有一个目的:希望名字和情况准确无误。我无法记得所有的事情,有时也会忘记询问一些重要的个人信息,但我努力做到信息准确。如果你有很多直接下属,不妨采纳我的建议:买一摞索引卡片。

了解你的员工是最基本的事情。询问他们的个人情况是因为 a)你有兴趣,以及 b)你希望记住对他们而言重要的东西。对每一个为你工作的员工,都去真诚而努力地了解上述 5 个问题,它一定会令你成为一个更为出色的上司。想想你曾效力过的那些领导,那些对你的人生感兴趣的人,你难道不愿意为他工作吗?做一个真正关心下属的上司——你会惊喜地发现，他人对你的领导力评价会因此而发生变化。

了解你的团队成员

1. 真心的去关注你的下属——与团队的每个成员开展访谈，挖掘员工隐藏的技能和潜力。

2. 做一个关心和照顾下属的好上司。

3. 做"走动式管理"的楷模。你一定要明白下属才是最重要的因素。

第 *26* 节

咨询专家

——向供应商和顾问寻求新点子

　　求知欲是区分杰出领导与泛泛之辈的特征之一。若想成为一位出色的领袖，必须跟得上时代——这就意味着你对周遭的世界感兴趣。要想追求卓越，必须不断在竞争中取胜，让自己的团队更加有效。因此，我作为领导者所面临的最大挑战就是不断寻求新思路。这应该是我们面临的一个困扰——我们该如何以更便宜的价格、更高的质量和更快的速度完成任务？在你的职责范围和专业领域内，公司指望你能有所创新，这也是你能获得高收入的原因。再仔细想想看：他们付给你薪水是希望你保持好奇心。不错吧？你如何利用这种好奇心来发掘新理念呢？是的，你可以坐下来向同辈请教几个问题，但你无法了解公司外的情况。

　　不，你不能只是依靠自己大脑的灵光一现，有时你得下点儿工夫。你要了解或调研其他公司都在做什么，当然——有许多最佳范例值得借鉴。但你是否有时间？你是否有足够宽广的视野？许多领导者整天把精力放在直接的竞争对手或同领域内其他企业身上。这是一个不错的战略,但事实上,许多好的点子来自于不同领域的企业和市场带来的启发。你需要到处去寻找最佳做法和最新创意——在不同的行业领域内——但也需要有所侧重并掌握可靠资源。如果有一个简单办法能看到其他公司的内部情况好了……

求知欲是区分杰出领导与泛泛之辈的特征之一。

把你的合作伙伴变成顾问

事实上,了解其他公司的内情很容易,而且这些资源已经在敲你的门了,你要做的事情就是让他们进屋,让他们开始工作。你们中的大多数人大概都会以某种方式与供应商或商务伙伴进行联络吧。他们也会和其他公司展开合作。问问他们是否愿意向你和你的团队谈谈来自其他公司的最佳案例。大部分供应商会抓住这个机会来强化和你们的关系,很乐意花点儿时间回答你的问题。显然,公司的一些信息在某种程度上是保密的。因此你可以了解这些最佳案例,但可能无法判断它们运用在何处。这就足够了,因为你感兴趣的主要是他们的创意。如果你希望了解一些更具体的东西,就提前告诉他们,便于他们在公司给你挖掘更合适的资源。其实只需要打电话问个简单的问题:"你可以给我们介绍一下某某公司的最佳案例吗?"请你的供应商共进午餐,让他们简要说说自己的见闻——通过这个方式获得一些重要信息实在划算。

为了扩大潜在影响，就某个主题开展一次专题讨论会，邀请整个团队(或几个同辈)参加，还可以召开员工发展会议。例如，你是信息技术部门的领导者，会有几十个供应商愿意来跟你和你的团队谈谈最新的软硬件、数据存储和档案管理的最新趋势、主要的开发商着手研制的产品等等。之后，每当你获知外部的新信息时，就可以写篇文章把它放在共享区域，让部门的每个人都能清晰地看到。关键是，你需要有宝贵的商业伙伴，他们乐意坐下来与你探讨你们公司的发展大业。毕竟，你们的创新与成长会给他们带来既得利益。使用这个资源帮助你开发好点子，不要感到难为情。我认识一位领导者，她把这件事当做季度任务来完成。她是运营部门的副总裁，因为有好几个固定的供应商，于是她轮流安排他们参加自己的员工例会。供应商讲述他们在市场中的见闻并且参与有趣的问答讨论。她的团队都很期待这样的会议，因为这是个了解公司外部环境的好机会，而且还能针对本领域的前沿发展进行认真的探讨。

回复那些顾问的电话

了解公司外部情况的另一个途径就是给那些在语音信箱里留言的顾问回电话。作为管理者，你可能会接到许多来自顾问的电话，他们希望能占用你几分钟的时间。邀请其中的几位来和你谈谈怎么样？你会失去什么吗？你不必花一分钱，这你知道。与一个顾问进行一小时的销售会议，你就会了解行业中的很多信息。我在公司管理一些庞大的学习和发展团队时,常常会给顾问留出些时间。首先,由于原来从事过顾问工作,我能了解他们的感受,我能明白去参加会议并把你引入门内意味着什么。但是我不会让所有的会议都看起来那么友善,我需要挖掘出他们知道的东西,希望利用他们的智慧,发现他们的客户是谁,了解市场上正在销售什么。我需要倾听他们心目中最佳的学习管理体系,今后 5 年企业大学的走势以及他们对虚拟学习技术的见地等等。结局总是一样,我们互相学习,进行一场富有成果的谈话并促进了相互关系——一次双赢。

如果你希望自己的求知欲得到满足,不妨考虑与合作伙伴及顾问见见面,他们也一直渴望有机会与你谈谈。是否想突破自己,掌握自己的发展方向?抽出些时间来获取一些宝贵信息和新点子,这个办法不仅可以帮助你加速学习曲线,而且可以与他们建立更加持久的关系。

向供应商和顾问寻求新点子

1. 约见公司外部的商业伙伴,了解"他们在外面的所见所闻",来满足自己的求知欲。

2. 与那些不断提出请求的顾问见上一面,让他们畅所欲言,然后向他们大量发问。

3. 把它作为一项团队任务——鼓励每个人都去挖掘外界情况。

第 *27* 节

跟踪敌人

——了解你的对手

你是否曾停下脚步看看自己已经走了多远？到达现在这个地方，你付出了很多艰辛和执著，花些时间体会一下个中滋味，因为没有人比你更加感谢这个历程。也许这不是最后一站，在你的职业生涯中还有更多需要去实现的目标。光明的前景会让你突破自我，赢取领导岗位和专业领域的"双学位"。将这些汇合在一起，你会为公司做出更大的贡献。这是件好事，不是吗？

但是或许——你错过了，你疏忽了，因为没发现或太繁忙。但这一点非常重要，如果你不做出努力，很可能会退步。你不知道它是什么吗？希望我告诉你吗？不，不是你的姿态、你胜利的微笑或是你的着装风格(你总是坐得笔直、保持积极的态度、穿着整齐)。这些固然重要，但不如这个诀窍对提高你的领导力来得重要：你需要非常熟悉竞争局面。**如果你不关心公司与竞争对手之间的关系，就没有人会真正把你当做一个管理者**。没错，我说的就是这一点。虽然听起来有些残酷,但千真万确,所以要提醒自己小心。从现在开始努力并不晚,你可以冲破重围而受到高层管理者的瞩目。

关注你的竞争对手

你得承认,你并不知道你应该知道的有关竞争的所有情况,对吧?那就好。承认事实是做出改变的第一步。我承认这一点。在我供职于美国公司的时候,对竞争方面的工作知识不甚了解。例如,在美国在线的 4 年中,我从不关心微软、零网、地球连线、雅虎及其他公司都在市场上忙些什么。你可以说,因为我在人力资源部门工作,了解那些公司复杂的运营模式或市场策略不是我的本分。但是我也没有花足够的时间来了解自己专业领域内竞争对手的情况。我并不太了解他们的招聘、培训和签约流程,也不了解他们的员工潜能挖掘、接班人计划及领导力发展状况。注意,我只知道一些基本常识,但这些非常不够。我并不为此而骄傲,我说出来只想表明一点:像鸵鸟似的把头埋在沙子中,只关注自己的公司,这是个相当普遍的现象。当然,我也可以列出一大堆借口:我太忙,我做的工作不需要知道这些细节,我了解的知识足够应付工作等等。但坦率地说,那的的确确都是——借口。如果对于竞争局面有着敏锐的感觉,那么我会成为一个更有思想的上司吗?一个能给团队提供更多信息、更出色的管理者吗?当然。通过这些年我与几百名领导者进行的谈话,可以断定上述的观点绝非我一家之言。让我们来共同探讨一下如何能够了解竞争对手。如果关注下面 4 点内容,你就可以做得不错。

关于竞争者你了解多少?

首先,你需要了解本行业的竞争状况如何,也就是说,就市场定位而言,它们与你的公司相比怎么样。它们有多大的市场份额?这个信息通常在分析报告或网络上可以找到,你们自己的财务部门也会有不断更新的市场份额排行。我们对公司之间进行比较时或者估计谁能争取到客户的时候,获取这个信息非常有用。

第二,努力去学习和比较行业中顶尖公司的收益和利润率等数字。谁最赚钱(及谁最有钱)?《财富》杂志的年度500强包含了很多信息,你可以轻易地拿来与团队共同学习。

第三,尽量追踪那些研发新产品和新服务的企业。谁在创新方面领先? 在你喜爱的搜索引擎上建立提醒功能,及时搜索竞争者的最新发明或最新举动(参见第24节)。

最后,从用人角度看看竞争者的做法。它会告诉你谁赢得了争取人才的战役。《财富》杂志的最受赞赏公司及最佳雇主排行榜会帮助你在这方面受到启发。

当你对这4点内容能够侃侃而谈的时候——你的公司在客户、财务、创新及雇用惯例上与他们公司的关系——你大概已经被当做是公司内非常有见地的上司了,其他人没法和你相提并论。现在对这个事情有兴趣了吗? 你有从事这个"额外加分"工作的理由了吗? 没有? 我明白了,你在这里工作,忙得不可开交只是为了帮助公司创造价值。这很好，但前提是你不介意永远做相同的工作。因为一定会有人从后面超过你，他愿意去学习这些内容，从而给上司留下很深的印象。你认为高层不想听你谈如何战胜竞争对手的见解吗？他们不可能了解所有的情况，所以他们真的希望各个层次的领导者都去关注竞争对手。最后，你认为公司是愿意提拔一个拥有全局战略眼光的人，还是一个用旧眼光做事的人呢？事实上，想做对公司有重大价值的人，你就需要有一个全局的、崭新的市场观念，需要有广博的知识帮助公司在市场中取胜。在当今的竞争时代，这可不是一件"锦上添花"的事情，而是一件"必做之事"。

当你能够对自己公司与竞争对手的现状侃侃而谈时，你大概已经被当做是公司内非常有见地的上司了。

下定决心去了解公司面临的竞争状况，把它作为一项领导技能。定下目标，要让同辈和老板明白，你对于公司今年所面临的挑战有着清晰的认识。你会惊喜地发现，在团队中成为最博学的人感觉有多美妙。不要像鸵鸟一样只了解自己的天地，走到外面看看谁在你身后。

了解你的对手

1. 作为领导者,你有责任去多了解一些竞争对手的相关资料。对于你所在的行业及行业中的其他对手,要有全方位的把握。

2. 学习一些有关竞争对手的基本常识,包括客户、财务、新产品和公司的氛围。

3. 与团队成员分享这些信息,激励他们去跟踪竞争者的信息,把它作为每周员工会议的例行项目。

第 *28* 节

回到学校

——参加行业年会或研讨会

人们说生活中最美好的东西都是免费的，我认为这也是领导力自我发展的真谛。本书所给出的大多数理念与技能没有附上任何预算，它们都是一些简单的方法，只要你认真实践，它们就会发生重要作用。你之所以能获得进步，是因为你不断付出努力。但是免费的方法只能提供到这里，有时还需要你的投资（确切地说，你的老板需要投资）。因此鼓足勇气走进老板的办公室——你要求老板在你的身上花些钱，因为你才是他最大的财富。

你该如何去花这些钱呢？最好的办法之一就是去参加你的专业领域的大会或研讨会。我知道，你会大呼"没用"，并说在目前的经济形势下这不可能办到。但在你打消这个念头之前，让我给你分析一下投资的价值。我们都知道领导者需要随时更新他们的技术技能或专业技能，如果你不具备"懂行"的信誉，那么领导一个队伍很难，尤其是在技术和游戏规则都飞速变化的领域。如果你不了解队员的工作或任务,如何去有效的领导他们? 高级法务主管必须了解最新法律法规;信息技术经理必须知道新的技术发展;财务和人力资源主管各自需要明白最新的分析趋势和用人动态;营运经理要知道本领域内的最新成果或制造系统。这就是领导者面临的实情:你需要在专业领域跟上时代,否则就会失去团队的尊重(及你的领导力)。这就是行业年会发挥作用的地方,因为它是行业领导者与高级供应商呈现最新思路和最佳实务的场所。毫不夸张地说,这是一次奇妙创意的盛宴,你决不能错过。

充分利用机会

首先搜索一下哪些会议最值得参加。利用网络去寻找本领域内的最佳选择。缩小范围之后,咨询一下相关人士,问问上一年都有谁参加。向他们了解会议的质量及发言人的信息,问问他们是否还要参加。最后,仔细阅读手册来确认这是一个必须要参加的会议。换句话说,向老板申请经费之前要先做足功课。

你会在年会上学到一些能立刻运用到工作中的东西,而且这些想法本身就经过了大家的首肯,也已经在许多最棒的公司里得到了实践。

一旦你找到了合适的会议,就开始说服老板。给他看手册,围

绕你所感兴趣的会议内容与他交流。向他说明,你参加会议的意义远远超过这几个阳光灿烂的日子:承诺会带回大量笔记,会把所学的内容带给老板、同辈和更多的团队成员。如果批准你参加,你需要有一个日程满满的计划。不要把它当做一个坐在泳池边或整日观光的机会,那样就是浪费钱,没有人会从中受益——至少你是这样。如果你去参加,要充分利用这次经历。你要参加所有的研讨,记下笔记,问一些挑战性的问题,进行一些关系联络。下面有 4 个理由,用于说明你为何想要参加今年的行业年会或研讨会。

1. **你要学一些新东西。**行业年会为新研究和新调查提供了很好的平台,这是一个接触前沿信息的好机会,你可以利用它来创建商业案例或者给自己的创意增加可信度。会议上呈现的大部分内容还未曾公开,如果你把研究成果带回来并投入使用,就可以在竞争中处于领先地位。会后可以与发言人进行交谈,他们有可能会同意赠送你一份白皮书或完整的研究成果,这是可以带回公司的最好礼物了。行业年会以呈现最新研究和调查成果著称,值得花这么多钱去参加。

2. **你将带回有价值的观念。**大部分会议以“最佳实务”的理念为特色,许多世界上的顶尖公司会呈现出你们从未想到的理念。我还记得,参加完第一次年会后我带回了大量想法(可以肯定,在会后的几个星期,我都让团队感到目瞪口呆)。那 3 天会议给我留下了深刻印象并且改变了我看待这个领域的视角。还可以在哪里接触到世界上最好的公司呢?一次成功的行来年会将给你呈现“伟大”是什么样子。如果留心,你会学到一些能立刻运用到工作中的东西,而且这些想法本身就经过了大家的首肯,也已经在许多最棒的公司里得到了实践。最重要的是,你能获知竞争者在做些什么,他们都参加哪些会议。削尖你的笔,准备记下大量的笔记。

3. **联络关系会很容易**。你是否发现平日与其他公司的人会面比较困难?这类场合使事情变得容易了,你们可以在一起待上两三天。如果你没有在这样的论坛中结识 5 个新朋友,就说明你不够努力。你要做的事情就是在午饭桌和会议桌上认识更多的人。即便你对鸡尾酒会或者咖啡时间不感兴趣,但参加这样的场合很容易结识朋友。尽量与更多的人交谈,交换名片,与他们保持一年两次的电子邮件联络(运用第 23 节的建议)。认识你们行业的"明星",把他们添加到你的联系簿中。谁知道,或许将来你会寻求他们的帮助,但前提是你得在会议中与他们建立联系。如果你天生羞怯,我建议你在这时把它抛开。用两天时间让自己换个新面貌,你可以做到的。如果你希望自己的领导能力达到新的高度,关系联络是非常必要的,行业年会和研讨会正是你实践技巧的好场所。

4. **你会有时间反思**。我常常发现会议是一个抛开日常工作、用于思考的绝好机会。利用它可以暂时摆脱日常职责而思考一些有趣的问题和面临的挑战(使用第 17 节学到的模板)。合理地使用会议时间,因为回办公室后还有大量工作等着你。这段时间可以留给自己,吸收一些新信息,反思一下如何更加有效的工作。

如果带着正确的态度面对会议和研讨会,它们会成为有效的利用资源,值得投入一定金钱。它们不仅仅是信息和思想的来源,你在这里还可以遇到许多与你面临同样挑战的人。它并不是免费的,的确如此,但绝对物超所值。

参加行业年会或研讨会

1. 有时你必须为自己的发展花些钱,行业年会和研讨会就是花钱的好去处。

2. 带着任务去参加行业年会:尽可能多学东西,尽可能多认识人。如果必须这么做,不妨换一副新面孔,但必须融入其中。

3. 把成果带回工作当中,记下笔记,准备演示文稿与团队分享。这次投资还有意外收获:你练习了写作和演讲技能。

第 *29* 节

开车上路

——拜访创新型公司

你上一次真正有机会看看别的公司是什么时候？它们的员工是如何做事的？或者更理想一些,他们是如何重塑自己的？你上一次见到一项新技术、新设备或了解一个新的服务理念是什么时候？亲眼去见识一下那些拿回来就能用于自己公司的东西，是不是很开阔眼界？那么把这件礼物带给你的团队来激发他们的创造力和想象力是不是很有价值呢？你上次了解某个公司的时候很有可能就是你在那家公司工作期间。那么,即便你先前的上司发生了很大变化,你也不了解他们的近况,对吧？

这样做就回避了问题的实质：你怎么教会员工去利用新观念的价值呢？当然,你可以阅读行业杂志和商业出版物来了解其他公司,你也可以参加年会和研讨会简单了解一下最佳实务(参看第28节)。如果你能经常这样做,效果很好——你可以在专业领域与时俱进。但为什么不争取近距离观察呢？为什么不带着你的团队同行呢?

创新:每个领导者的工作

领导者工作的一部分就是去不断挑战你的下属找出更好的办法来完成工作。在任何有可能的地方,你都应该抱着改变的心态和崭新的思路去工作。简言之,你应该不断创新。你脑海中反复出现的问题是:"我们如何能以更低廉的价格更快更好地完成工作?"现在,你当然可以实现自己的一些想法,毕竟,你明白自己的技术和服务要优于其他人。但是有时候观察他人的做法也是有帮助的,因为你可以加以重复和改造——如果它在那里适用,或许你也可以把它用于这里。你当然明白这个道理,所以你会花时间召开头脑风暴会议、阅读其他公司的相关材料并鼓励你的团队不断修正他们的做法。但还有一种方法可以激发创新,只需把最佳的做法略作改变——这个练习可以让你带着整个团队去领略创新的含义,同时给他们一次独特的学习体验。我们可以把它称作"创新之旅"。

策划创新之旅

这里有一个想法:你和你的团队可以在本地区参观几家公司,称之为"公司观光"。没错,你将在另外一家公司度过一天时间,脑子里只想着一个任务:尽可能地学习他们的创新方法和思路。而且你在此过程中还要做一些团队建设。首先,把你的团队召集在一起，给他们介绍计划并讨论你们最希望学习的东西。有两个途径可以进行你们的创新之旅，你的首要任务是决定哪一个适合你的团队。

第一个途径涉及"定向最佳实务"，你选择的公司与你的团队业务相似，但做得更好。这个方法的目的是近距离地观察其他公司如何处理你们急需改善的地方。因为对业务较为熟悉，所以你可以寻找一些有价值的理念来发展自己的技术、产品或服务。这个方法没什么不好，但找到这样的直接竞争者是很困难的事情。

在任何有可能的地方，你都应该抱着改变的心态和崭新的思路去工作。

第二个途径纯粹仰仗"开放资源"，它会更加有趣、更有风险。在这个模式中，你的团队选择几家富于创意和想象力的公司，但它们与你们公司毫无相似之处。事实上，它们与你们公司差异越大越好，你们的目的是去参观创新性组织，而不管它们在做什么、生产什么或者出售什么。举例来说，你从事金融服务方面的工作，那么你可以选择博物馆、芭蕾舞团、剧团、制造厂、广告公司甚至是啤酒厂（反正我会选择的）——任何一个创意可以生根发芽、蓬勃发展的地方。如果采取这个办法，你可以不采纳他们的做法（尽管其中有一些还是可以复制的），毕竟你的目的是学习他们的创新方式。他们是否有自己的一套程序？是否这样的做法已经融入了他们的

血液当中？如果情况是这样，他们如何开创并保持那样的文化？思路来自哪里？他们如何付诸实际？他们如何奖励提出或实施创意的团队或个人？

组成20—25人的团队外出比较理想。如果你的团队人数没有这么多，与同辈合作也不错，把你们两个团队组合在一起，还能加深相互联系。把这些人分成4—5人的小组，注意合理分配各组的人才以便能分享经验，让他们参与到选择目标公司的工作中，寻找志愿者和这家公司取得联系。因为你们将在那里待上一天时间，尽量安排好行程完成如下工作：参观工厂、与挑选出的中层领导见面、倾听研发部门的简要汇报、与对方员工讨论、参观客服中心或数据设备等等。要保证每个小时的活动都应该与产品、技术或服务的创新相关联。你去那里的目的是学习"他们做事的方式"以及了解他们的公司文化当中那些特别活跃的因素。

协调团队的访问，使所有的活动能够在一天内完成。在会议室进行短暂布置后，就让他们出去体验不同于普通工作日的一天。给你自己布置一个任务——大量的提问，然后带回新思路。是的，你要与团队共同出行，其实，这也是一个社交的绝好机会，可以利用它与平日没有时间接触的一些队员相互了解（参见第44节）。你要给队员们做出行为榜样，表现出必要的求知欲和乐观态度。通过此事，你会得到大家的赞誉，因为你与团队共同度过一天的时光，为大家做了一件新鲜而特别的事情。

第二天，召集全组一起开会交流成果。用一天的时间仔细倾听每个人的心得体会，大家集体讨论对本部门或公司的启示。你将如何把这些知识运用到自己的工作当中呢？通过对其他机构的这种横截面式的观察，你收获了什么？让你的队员来推进日程，你放轻松，在旁边倾听就好。

如果你想寻找一种有趣的、有创意的方法来培养团队，可以策划一次创新之旅，放手让每个人去"寻找新思路"。利用两整天的时间来组织这个团队活动，把热情放在创新与发展上，给你的下属一次独特而难忘的学习机会。这次体验的另一项益处就是推动公司的创新发展。你赢得了全方位的收获——不仅拓展了自己的能力，也给团队一次宝贵的学习体验，激发他们产生出更新、更好的创意。这趟旅行实在值得，不是吗？

拜访创新型公司

1. 把团队分成若干小组，安排他们去参观一些以创新闻名的当地公司，积极吸收好的创意和做法。

2. 关注这些公司是如何开展创新的。你从他们的做法中学到了什么？哪些做法经改进后可以使用？

3. 分享并讨论这些知识，寻找一些共同的主题以及可以运用到自己公司的做法。

第 *30* 节
带它回家
——学习工作之外的新东西

　　无论你取得了多大的进步，现在都需要引入其他方法来提升自己，即便它可能与工作没有直接联系，但对身为领导者的你来说会有额外收获。事实上，这个提升甚至不发生在公司，它发生在家里，因为你对于家人和朋友的热情、你的爱好及其他个人兴趣至少等于(或者超越)你对工作的热忱。

　　没有人能够或者应该把百分百的时间都投入到他的工作当中，坦率地说，这是不利于健康的，也是乏味的(你要知道，work〈工作〉不过是一个只有 4 个字母组成的单词)。因此本节帮助你寻找工作之外需要提高的东西，希望你把投入工作之中的好奇心和自我发展的热忱同样带回家中。因为找到新爱好或重拾旧爱好都能使你变得更完美，可以给你一个新视角来看待领导力发展的问题。努力变成一个更优秀的家长或朋友也会令你更有效的带领团队。在当地的社区大学学习一门课程能教会你一些新知识，也许可以用在工作当中。这个想法将会拓展你的知识和技能,会让你对工作之外的领域产生兴趣,也会拓展一个领导者的视野。换句话说,工作之余做什么事情会对你的工作有帮助呢?生活中的一个嗜好、一份承诺能教会你许多领导的艺术。你必须回答的问题是:"我要做些什么才能获得'工作之外'的灵感,能对自己的职业发展起到有益的补充?"

选择你的爱好

你是否有某项爱好或兴趣因为工作太忙而被搁置下来?或者你因为全身心投入工作或职业发展根本就没有个人的私生活?如果真是这样,你可能需要一个爱好!领导职位需要付出很多,领导者终日面临着巨大的心理挑战(或许还有生理挑战)。有一个为心理、身体和精神补充能量的渠道是非常必要的。爱好可以让你得到一种释放,它有可能是你单独完成的,也有可能是与你喜欢的人共同进行的。简言之,你钟情于某样爱好是因为它丰富了你的生活,否则你也不会为之付出时间和精力。如果你忙于其他的事情而放弃了某项爱好,那么你需要重新走近它,看看它是否还能让你情绪高涨,重新拾起放下许久的爱好是一个令人振奋的经历。如果你没有什么爱好,那么看看你乐于做什么来打发时间。培养对某件事的兴趣完全不同于工作,但它有可能会给你的工作提供一些新鲜的创意。

那么爱好会教给你哪些与领导力发展相关的东西呢?许多人

在他们的特殊爱好方面达到了非常高的水平，这是因为他们对此有浓厚的兴趣。他们经过练习而变得精通，花了大量时间来学习和精进技艺，这也正是增强领导力的范式——对事情本身的浓厚兴趣、严格的练习以及奉献的态度。通过自我发展的视角来看看你的爱好，问自己下面三个问题。

1."**我为什么做这件事？**"列出你钟情于这个爱好的详细原因。用描述性的语言写下你能想到的一切。

2."**我如何才能精通于此？**"考虑一下你如何练习才能达到较高的水平。需要付出什么？一定要具体说明。

3."**我从中获得了什么？**"列出你从这项爱好中获得的益处。对你而言它意味着什么？你或他人从你对这项爱好的付出当中获得什么回报？

找到新爱好或重拾旧爱好都能使你变得更完美，可以给你一个新视角来看待领导力发展的问题。

你或许明白用这种方式来反思你的爱好是什么用意。没错，这些问题有助于思考爱好本身以及你们之间的关系。它本身就是一个相当有趣的练习（你或许会惊诧于从这种自我分析中所获得的洞见）。但是我希望你体会一下发展爱好与增强领导力之间有何对应关系。再问问自己有关领导角色的这些相关问题，看看同样的答案是否适用，最后思考一下对你的启示。

就我自己而言,跑步是我的爱好。我钟爱它的原因是它能带来成就感。我设定了一个目标,把它完成了,下次设定一个更高的——正如带领我的团队迈向更新、更大的目标。我如何提高自己跑步的水平呢?当然首先是绝对的练习,我还会阅读大量相关的文章,这样有助于提高我的技巧、训练方法和设备等等。我研究跑步的方法正是我一开始运用于提高领导力的手段。我最开始就是去研究领导技能,然后运用这些知识。最后,谈到我从跑步中获得了什么,显然健康是最大的收获,但还不仅于此。跑步给了我很强的自信和很多新想法。每次跑步后我都会萌生一个新创意。我认识到,只要拿出时间来思考(跑步时没有什么别的事可做)就会有收获。我把这个经验带回到工作中,每天在办公室至少投入 30 分钟来想事情,寻找新创意。通过体察我的爱好,寻找它与我的另一爱好——培养自己成为更杰出的领导者——之间的相似之处,我能从两种追求中得出结论:它们都能使人更加享受自己所付出的努力。

在你忙于提高领导能力的同时,拿出一定时间来让自己成为更全面的人。开始(或保持)追求工作之外的爱好,把爱好当做是学习的过程。问问你自己为什么投入其中,你如何才能变得擅长于此,你从中获得了什么,然后把这些经验用于领导力发展当中。**拓展兴趣与追求卓越的过程能够让你拥有过人的洞察力,并帮助你成为一位出色的领袖。**把兴趣不仅仅当做一种生活中的消遣,它是提升领导力的有益补充。但这也是一天该做的工作——走出去,在你的个人爱好上花些时间。

学习工作之外的新东西

1. 在工作之外的自我发展上投入一定的热情和练习。追求或寻找某项兴趣或爱好。

2. 投身于某项爱好与提升领导力之间有何相似之处？比较的过程中，给你印象最深的一点是什么？

3. 把你的爱好与团队成员分享，并询问他们的兴趣何在。爱好诠释了我们，也有助于他人理解我们，因此说说你爱好某样事物的原因与方式。

第四章

走出你的舒适圈

你为下一步发展做好准备了吗？到目前为止，或许你已经明白了自己还需要提高哪些领导技能，或许你已经在工具箱中增加了好几件法宝，或许你已经找到了一些新方法来突破目前的局限。现在你需要多冒些风险，走出自己的舒适圈。在这个部分，你会发现一些看似熟悉的建议和想法，你也曾反复告诉自己要去尝试。实际上，你知道应该走出舒适圈，但似乎总是无法实现。好了，这就是你的机会——既然你已经决定创建自己的领导品牌，那么不妨迈出下一步——所需要的不过是一点自信和勇气(你已经具备了，不是吗)。

采取更加积极主动的态度向老板说明你的下一个任务或下一步计划？对接下来的工作表现的更有闯劲？加入同城的专业人士每月一次的聚会？来吧，这些并不是那么可怕的事情——你可以做到！有一件大家共同担心的事情：公共演讲。虽然千千万万的人都会对此心生恐惧，但是你难道不认为自己应该克服它吗？给高管作汇报会令你紧张吗？如果你还希望在公司内得到升迁，那么最好把这一点列入发展计划当中。承认错误或站在他人角度看问题对你来说困难吗？如果你梦想继续高升，在这方面也要努力。能坦然承认自己不太了解公司的运转和经营状况吗？

作为领导者，我们都有一些恐惧之情，而且它们伴随了我们多年。但如果你真的希望有所突破，继续前行，就必须将自己提升到一个新的高度。用下列建议来挑战自己，或许它们会让你受益匪浅。

第 *31* 节

走出舒适圈

——实践新的领导行为

　　无论你相信与否，这些年来你已经在自己周围画了一个无形的圈。你会下意识的保护甚至培育这个圈——我们称它为你的舒适圈。不要担心，我们每个人都有，无论是在私生活中还是工作中。你所有偏爱的理念、态度和行为都在舒适圈中繁茂生长，在这里你会感到自信、宁静和安全。这是你的安全之地，因为在这里你可以用熟悉的方式生活。

　　但是，你一直在测试你的舒适圈，对吗？走出舒适圈的感觉怎么样呢？你一直都在努力挑战自己成为一个杰出的领导者，那么你是否注意到自己置身圈外时的感受呢？诸如不稳定、恐慌、紧张、不安和不舒服这样的字眼是否涌上了心头呢？这给人的感觉很奇怪，但事实便是如此，因为你走出了自己熟知的世界——未知的一切往往令人不安。但我希望你也能感觉兴奋激动、富有创造力、受到激励、精神焕发和心态开放。因为有个关于舒适圈的小秘密：只有走出这个圈,你才能得到学习、成长和进步(见图表6)。如果你希望从本书中提炼一个主题的话，那就是：**为了做出有意义的持久改变,你必须承受一些痛苦和不安。为了获得成长,作为领导者的你必须让自己走出舒适圈。**

让我们回头看看那些你多年来养成的信仰、态度与行为模式——我们把它统称为"你的风格"。毫无疑问你已经形成了自己做事的风格,它已经成为你思维、行事和说话的独特方式。你不但对自己做事的方式感到习惯,而且认为这是处理事情的唯一方式。你用熟悉的程式开始一天的生活,养成与同样的人午餐的习惯,甚至会用同样的方法回应老板。我说的对吗？这些事你很熟悉吧？你处于舒适圈中,不仅如此,如果你与大多数人没什么两样的话,你会在里面待的很开心。

但是如果你常常走出这个圈,会发生什么事情呢？如果你接触一些新思想,接受一种新态度,或者开始做不一样的事情会如何呢？我们已经探讨了从不同角度看待自己想法的价值(第9节),让其他文化规范改变自己态度的价值(第21节)。本节来探索如何尝试一些新的行为方式。你是否做好了准备来略微改变一下某些旧习惯？变化就是生活的调味品,尝试新的领导行为对拓展领导技能大有益处。

举例来说,你常常采用相同的方式给下属确定目标。给他们布置某项任务,要求他们何时完成,然后告诉他们希望达成的效果。如果你换个做法,允许他们自行选择项目怎么样呢？如果这不可能实现的话,让他们来决定细节和期限等问题如何呢？关键在于要尝试不同的方式去布置工作和进行监控。

只有走出舒适圈，你才能得到学习、成长和进步。

你是如何召开员工会议的呢？几乎每周一次，对吗？会议可能是富有成效的。但是会议如果以其他方式举行，是否能在创新性和想象力方面取得更好的效果呢？把会议时间从 1 小时改成 45 分钟，改变一下场地或者开会的日子怎么样？如果你事先做了大量功课，尝试开会时不借助任何资料；如果你没有做预读，就把材料提

图表 6：

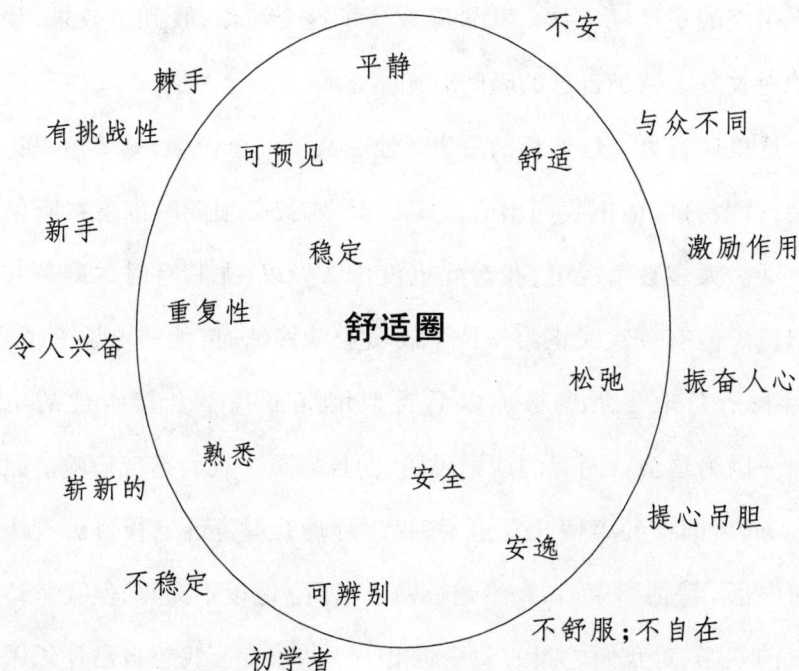

前发给大家来讨论；如果一般是你主持会议，这回让下属来做；如果你常常把许多问题放在一起供大家讨论，不如把议题分给不同的小组来负责。这样做的主要目的就是去尝试不同的领导行为，然后看看效果如何。

另外一个领导者的共通之处就是他们回应老板的方式。你的老板了解你的特点，知道你应对不同情形的习惯方式。你对这种可预见性满意吗？你做些什么来改变这种局面呢？我清楚地记得有个上司习惯在我准备回家时给我布置工作。我听话的把工作带回家，赶在第二天早晨上班前完成，却发现他直到第二天中午或第三天才会看。一天晚上，当他又准备给我布置任务时，我用平静的语调告诉他我会把这个任务加紧赶出来，在第二天下午两点钟之前完成。他清楚地领会了我的隐含之意，但什么都没说，于是我在第二天上午完成了这项工作。我冒险改变了这个习惯，收到了效果，我成功地收复了属于自己的晚间时光。

这里还有另一位老板的故事。他养成了一个习惯，只要想跟我谈话，就会打电话把我叫出会议室。于是，我必须随时准备接听他的电话。大多数情况下，我对此也没什么异议，尤其有时的确是紧急状况。但有一次我正给一位下属做业绩评估时，他的电话来了。事后我清楚地告诉老板，以后类似情况下我不会接听他的电话——因为这会打断我的谈话思路，而且对员工也会造成影响。但是，一周后同样的事情又发生了，我让行政助理告诉老板自己没法接听电话。评估结束后，我给老板回了电话。他很不高兴，但我坚持自己的立场，对我们之间的关系做出了一些改变。我想自己那天因为坚持原则而从老板那里获得了尊重（尤其是这种做法可以提升公司的价值观念）。然而，如果我不走出自己的舒适圈，恐怕永远也不会得到这种结果。

舒适圈的重要启示便是如果你想得到一个不同的结果，就必须做不同的事情。你不得不抓住机会去尝试一些新花样，因为舒适圈既是祝福也是诅咒。诚然，它帮助你用一些熟悉的规则和模式来驾驭这个疯狂的世界，让你可以适应目前的环境。但它不利于你的发展和成长，事实上，它还会阻止你的进步。如果你想改变自己的某些观念、态度或行为，就要刻意到圈外去做一次旅行。寻找不同的思考、感受和行为方式。走出你的舒适圈，让自己接触到看待世界的新方法。它可能是你在自我发展道路上的一个最大飞跃。

实践新的领导行为

1. 你不可能知道所有答案，因为做事情有许多方法。走出你的舒适圈，尝试一些新的领导行为。

2. 鼓励他人按照他们自己的方式做事。舒适圈可能会限制你有效地向员工授权。

3. 询问他人有关你的舒适圈的情况。如果他们说你有大展拳脚的空间，就实践一些领导团队的新方法吧。

第 *32* 节

你是对的,而我错了

——承认错误和局限性

　　伟大的领导艺术的秘诀之一就是平衡自信与谦逊的关系。显然,你需要有成为杰出领导者的才能,你需要有做成大事的经验、动力和机遇。而且每个领导者都需要一定程度的自信(否则,其他人会很快失去信念)。但有些领导者之所以走向误区就是因为他们无法控制自己的信心。当事情进展特别顺利之际,这种信心就会变成傲慢、贪婪和鲁莽,就会成为一种弊端。所以你需要利用谦逊来掌控自信。你必须记住,你不可能是万事通,即便你是,也不能表现出来。没有人喜欢与一些表现自大的人共事。

　　那么该如何培养谦逊的品质呢? 好了,关于人是否天生具备这种品质有着激烈的争论。你在很多方面能够体现出谦逊,但有时却做不到。当然这个问题超出了本书的讨论范围。我们把焦点放在培养这种品质的途径上。一个真正杰出的领导者需要这种素质,因此它应该引起你的特别关注。这里有 3 个方法可以帮助你加强这方面的素养。

培养包容性

首先,定期向他人征求意见。更重要的是,仔细倾听他们说的话。杰出的领导者会从周围的人身上寻求答案,他们从不放过向值得信赖的顾问征询意见和建议的机会。问问你自己:"我是否经常向他人询问战略、计划或运营方面的想法,我是否会把这些意见纳入最后的考虑当中?"如果答案是肯定的,那非常好——你是一个包容性强的上司。如果答案是否定的,那么,我就得告诉你一个不太好的消息了:你的下属不会喜欢为你工作。没错,你的表现说明:"我懂得最多,可以独自作所有决定",而且它可以确保你在"糟糕老板名人堂"中占有一席之地。回想一下,如果你曾经遇到过那么一位上司,从来不征求你和同辈们的意见而独自作决定,你与这样的上司一起工作会开心吗?当然不会。因此你需要做的第一件事就是问问他人有什么更好的想法——提前问、经常问,永远把它作为你领导风格的一部分。这事做起来其实非常容易,每次需要作出重大决定时, 问你的同辈或直接下属几个问题:"你如何评估我们的风险?""目前情况下你能发现的优劣势各有什么?""我们如何最大化的利用这个条件?""不作出这样的决定会带来什么影响?"简言之,在作决定或采取任何行动之前,主动去寻找一些思路。这件事记住不难,做来也容易。

领导者更愿意把自己看做乐队的指挥——他们本人并不演奏任何乐曲,这个工作由团队的其他成员来完成。

谦逊:最优秀的领导品质

对许多领导者而言,谦逊是需要完善的最后一个领导品质,有些人为此付出了巨大代价并经历了艰苦的历程。不要去等待,希望从一个关键事件中学会谦逊。**第二个培养这种重要品质的方法就是承认你做错了**。假如你在辩论中是失败的一方或者在某个问题上的看法是错误的,大方承认就好了。另外,你处于领导岗位就意味着你是行动的楷模,不要表现出坚持己见的固执、屏息以待的紧张或噘嘴生气的幼稚。你不想变成一个笨蛋,但他人觉得笨蛋也没什么大不了的。只要你错了,承认就好。学习并经常使用下面这句话:"你了解情况,你是对的,我当时考虑不全面,现在我明白自己的方法并不是最好的。"这并不是很难,对吧?但许多领导者不会这么做,他们不能说出这样的话:"你是对的,我错了。"这实在太不幸了,因为这句简单的话很有价值。实际上它不是道歉,而是你重视独立思考的一种表现。它可以表达你的谢意,因为对方所完成的工作,因为他们对事物清醒的认识,或者仅仅就是因为一个好主意。试试吧——这很管用。它可以缓解所有的窘况,而且会显出你的成熟与大度。另外,谁能期待自己永远是对的呢?假如你一直是正确的,或许是因为你不敢冒险,而领导者恰恰是需要经常冒险的。

　　第三个培养谦逊的方法需要追溯到父母曾教给你的道理：当你做错事或对别人不礼貌的时候，就要道歉。这样做显得讲道理、有礼貌、守规矩。不要只是嘴上说抱歉，需要拿出诚意，说得具体些。如果你在员工会议上表现较为失礼，应该这样说："很抱歉我多次打断你，在你结束发言之前我总是插话，实在表现得很不专业。我应该让你说完自己的想法，以后我会注意的。"这样远比随意地说上一句"嗨，很抱歉我今天多次打断你"表达得更明确而且显得真诚。

　　韦氏大字典这样定义"谦逊"一词："表现出谦虚的品质或特质，对自己的重要性和身份等等有谦虚的态度和评价。"说得不错，对吧？谦逊的领导者不会把自己看得比公司的其他人都重要。事实上，他们更愿意把自己看做乐队的指挥——他们本人并不演奏任何乐曲，这个工作由团队的其他成员来完成。把你的领导水平上升到一个新的高度，在工作中多表现出一些谦逊，然后关注一下他人的反应。相信我，他们会欣赏这一点，你也一定会观察到明显的变化。

承认错误和局限性

1. 表现出谦逊。有意识地做出努力，让自己不要沉溺在领导成绩当中——你个人是无法做到这一切的。

2. 把征求他人的意见和建议当做你领导风格的一部分。

3. 记住你是个行为榜样。要有礼貌，适当的情况下说抱歉，不要害怕偶尔说你错了——下属总是喜欢谦逊的领导者。

第 *33* 节

成为一名会员

——加入一个专业社交网

　　网络具备这样的优势：把新人不断添加进你的通讯录中，这个过程没有止境。你与关系网络中的同事经常保持联系，这一点非常重要（参看第 23 节）。是的，有一个可行性的办法可以不断会见新人，但似乎 90% 的领导者完全忽视了这一点——这太糟糕了，因为这是个拓展能力的简便方法。是的，我来谈谈加入当地的社交网或分支机构的事情吧（你是这 90% 中的一分子，没错吧？我听到了你的嘟囔声）。

　　这是多么简单的事啊！你报上名，去参加一月一次或一年六次的会议，听演讲者的发言，然后就等待结识新人。非常神奇！的确还有许多人从事与你同样的工作。那么，与同领域的其他人一起开会或交谈，你学不到任何东西？得不到任何收获？这是个多么荒谬的观点呀！

你的借口是什么?

我知道你有一大堆的借口。让我们来挖掘一下最堂而皇之的 4 个,怎么样?首先,你太忙(虽然古老但好用)。哦,我明白了,你是那么擅长授权这个技巧,但每周竟然还是要工作 60 个小时。第二,它很占据我的私人时间(我喜欢这个借口)。如果这些活动恰巧安排在大白天,那么你很乐于放下工作去参与,而大部分会面都在晚上,那时你有其他地方要去吧。第三(这一点比你想象的还要普遍),那个群体不适合像你这样的资深人士。与参加这个聚会的人闲混在一起简直是浪费时间。关于这个借口的另一种说法是:"我根本看不到它的价值。"(但是你如何知道呢? 你从未参加过其中任何一次聚会!)最后,你可能非常害羞,一想到与很多陌生人混在一起就会浑身不自在。你知道自己应该去试一试,但却始终没有加入。那么,到底哪个理由适合你呢? 依我看,其中总有一个适合你。

每进入一个群体,就寻找机会担任领导角色。这既是你对自己专业领域的一种"回馈",也是你实践战略思维与影响力的机会,当然还有人际技巧。

脑子里装着这件事

让我们冷静片刻。我们已经为你的发展找到了一个途径，那就是创建更牢固的关系网络，对吧？而且我们也都一致认为这对你的职业发展很重要，没错吧？好，很好，我只是要确认一下我们的想法是否相同。信任我，这是你获得进步、增加技能必须要做的一件事。它不太难——你可以做到。最艰难的地方往往在于你要认识到加入一个社交网的必要性。一旦你决定做这件事，剩下的也就不成问题了。

无论你身处大城市还是小城镇，正规组织或网络到处都是。至少有三类你可以参加。**第一类是你的专业领域，全国性组织的地方分会**。对我而言，有类似的人力资源团体或组织发展网络可以参加。一般情况下，会议每月一次，可以认识许多会员，并设有主题发言。不同专业门类都会建立自己的组织，比如人力资源、信息科技、法律、市场、运营、风险、金融等等。这些组织采取一些行之有效的办法把最新的专业理念和信息带给它们的会员。你能从中获益，对吗？

第二种是一般性的商业组织，致力于联合本地区的领导者（如商会）。它的重点在于本地的商业事务，你在其中可以遇到很多商业领袖。

第三，你的城市或许有"新兴领导人"之类的项目或组织，你也可以参加。在这些典型的扩展项目中，你可以和来自其他公司的领导人共同探讨领导力发展问题。

好了，我确信你了解这些组织的存在，也知道自己应该利用它们。但如何走出你的旧有思维定式，让这些组织为你所用呢？

征服借口

首先，利用互联网寻找合适你的组织（参见第 24 节），一定要亲自加入其中（你需要多练习与陌生人面对面的交流）。一旦确认了自己的兴趣，就与管理员联系，咨询相关情况。搞清楚他们何时、何地、采取何种方式聚会。询问有关会员的问题：一般都是什么人参加？询问有关期望值的问题：你只需参加一次会议还是需要投入更多精力？询问最近几位发言人的情况：学术质量如何？还可以索要几个会员的联系方式，看看他们对这个组织的看法（你在参加第一次聚会时可以与他们取得直接联系）。总之，提前做点儿功课，尤其当你面对众多选择的时候。第二，与你的老板谈谈入会的益处，这样你也许可以得到一些基金赞助。解释你积极申请入会的理由。如果能看到投资的回报，大部分公司都会乐于提供这个发展机遇（但你需要给公司员工带回有用的信息）。第三，出席。没错，你必须要参加聚会。

好了，你已经报了名并给老板作出了承诺。现在来到了聚会现场，接下来该怎么办呢？**首先给自己确立认识一位新人的目标——对了，只结识一位新人。**你会很容易超越这个数字，但之所以把标准降低，是希望那些最为内向的人也可以加入其中。我知道鸡尾酒会的氛围令人有些紧张，我还记得大学第一次经历这种场合时自己大汗淋漓的样子。但是现在我已经好多了，可以告诉你我的秘诀。我热情满满地挤进人群，发现有人在一旁孤独地站着（你不要加入已经开始聊天的一群人当中——那样会有点儿尴尬），于是我简单地说："你好，我叫史蒂夫。请问您叫什么名字？"于是，我把全部精力都放在了解对方的信息上面。我也不担心说到自己，如果对方问到，就说给他听，但多数情况下，我是处于提问—倾听的模式。听别人说比交谈要轻松得多（也更有趣）。试试这个方法，那么两分钟之内你就可以完成这次会面的任务，再重复几次上述过程，你就会超出目标，很有成就感。窍门就是把聚会的重点放在"会见新人"部分。

另外，如果能够在某个组织的委员会或董事会中任职也是个不错的选择。你可以变换一个场合来谈论提高领导技能的问题。每进入一个群体，就寻找机会担任领导角色。这既是你对自己专业领域的一种"回馈"，也是你实践战略思维与影响力的机会，当然还有人际技巧。

如果会见新人或参加鸡尾酒会对你而言的确是个挑战，考虑一下加入一个本地的社交群体。因为你与其他会员之间有许多共同话题，所以不必担心尴尬。如果你的公司愿意给你负担费用，那么你要努力尝试利用这个发展机遇。我知道你已经在考虑这件事了，那么加油吧。走出你的舒适圈，加入一个组织，建立强大的人际关系网，一次结交一位新人即可。

加入一个专业社交网

1. 下定决心去加入一个群体——这是最艰难的地方，但对你的职业发展而言是正确的决定。

2. 向他人发问的过程就是宝贵的学习经历。你会提高倾听技巧，学习新知识，还能把新朋友添加到你的网络中。

3. 不要满足于自己的角色和自己的公司。外面的世界很大，你不可能从办公室中吸收一切。走出去吧！

第 *34* 节

分享你的故事
——组织一个内部发言人机构

　　你现在已经掌握领导艺术了吗？你的下属对此有何感受？他们是否充满干劲，整日忙于工作，时刻准备迎接下一个挑战？是否每个人都被分配到最适合的工作？你的情况如何？对自己的战略计划是否感觉良好？老板对目前的工作进展是否满意？你是否增加了一些新创意，使工作开展得更为顺利？做到了吗？那很好！如果一切顺利，到了组织一次"公司内部"之旅的时候。没错——你要开始做这件事，我的朋友。别担心，你不必向老板申请报销账单，因为你无需离开本地，或许都不需要离开工作的大厦，因为这是个不同的旅程，但坐在驾驶座的那个人依然是你。你将带着团队的故事上路，把它带到公司其他部门去。你也可以为其他人创立一种追随你的方式。

增加团队的曝光度

你的团队表现非常出色：你制定了正确的战略计划，大家努力工作，你们推动事情向前发展。但是有人注意到了吗？公司了解你的团队所做的事情吗？即便你的团队处于一线，直接为公司盈利，如果公司的每个人都能了解你的团队与供应商、合作伙伴、客户打交道的情况不是很好吗？让公司其他部门都了解你的团队对公司的贡献是不是很有价值的事情呢？上述两个问题的答案都是肯定的。这就是你要努力的方向。你可以抛开自己的团队而获得成功吗？你准备做些工作来弥补公司内部信息不够畅通的局面吗？最简便的方法就是建立一个内部发言人机构。没错，你不仅可以把自己的故事带给其他部门，还可以组织各部门高管在公司内分享他们的体验。在锻炼了自己的演讲能力和人际关系技巧的同时，也为公司提供了有价值的服务。你意下如何——准备开始行动了吗？

首先，把公司所有的部门都列在一张单子上，找出对业务有重大影响的团队。然后，邀请每个团队的领导者来开会（是的，我们原谅你开了一次官僚的会议），在会上谈谈你的发言人机构的设想。关键在于这些代表不一定是各部门的最高上司。事实上，如果他们不是，这项工作反而更好推进。如果你真的想突出这个想法，可以让人力资源部推荐每个部门最需要公共演讲经历的领导者来参加。这样做，你给自己和其他几位领导者都能提供宝贵的锻炼机会。

接下来，因为大多数部门会定期召开全体会议或领导扩大会议，锁定这些场合作为你的内部"巡回表演"的平台。建议你汇报时采用较为随意的风格，大家都可以适应。会议流程如下：

1. 你是谁？让大家了解你的组织机构图及关键人物。

2. 你做什么？介绍你的计划、任务和战略。

3. 你的工作完成得如何？表明你的年度任务和目标，及目前进展状况。

建议发言人用 40 分钟的时间来介绍，用幻灯片或其他多媒体工具辅助展示，留下 20 分钟现场问答时间。鼓励创新，建议领导者可以给这个活动增加一些趣味。在你确认了参与者名单之后，就开始创立你的日程表。此时，你变成一个业余经纪人，来为这些领导者的演讲作规划。目标是每年让每个部门的领导者听到至少 4 位的发言。如果计划合理，你还会让更多的领导者有机会讲述自己的经历，说说自己的团队为客户或其他职能部门提供服务的情况。

打磨你的故事，然后主动呈现给公司其他部门。在这个过程中，你能够锻炼演讲技巧、分享团队经历、与其他团队领导者会面，最重要的是，为整合公司的凝聚力做出贡献。

我曾体验了这个过程，收到了理想的效果。我在上一家公司的时候，大概每隔 8 个星期就会有一位部门领导到人力资源部发表

演讲。大家一致认为,通过这些会议,他们对其他重要部门的工作有了更深入的了解。我们也熟悉了部门领导者的情况,明白了他们各自所面临的挑战,有时还能领悟到一些技巧,利用这些团队帮助我们达成目标。经验非常宝贵,而且不需要我们花费什么气力:某个部门的情况被制成一份考究的报告,送到了我们门上,而我们要做的就是倾听和参与。

我当时作为部门领导者,参与了公司内部的巡回演讲,分享了我们团队的故事。在此之前,我们创立了一所新的公司大学,因此这次演讲给了我一个好机会,让我能把这个项目推广开,引起大家对正规学习的浓厚兴趣。我的团队帮我打造了演示报告(这本身也是很好的团队练习),我本人经过几场演讲也收获了作为公共演讲者的自信,还利用这个项目结识了许多同事,并建立起自己的关系网络。

你也可以做得到,无论你所在的公司规模如何。即便你才刚刚上路,这也是一次宝贵的学习经验。打磨你的故事,然后主动呈现给公司其他部门。如果你雄心勃勃而且时间充裕,不妨找一个更大的平台来发表你的观点。首先确认那些可能感兴趣的部门,然后说服领导者们参与,最后在公司范围内安排演讲机会。如果你下定决心做这件事,你就能够锻炼演讲技巧、分享团队经历、与其他团队领导者会面,最重要的是,为整合公司的凝聚力做出贡献。最后一点是非常有价值的目标。谁曾想到过在提升领导能力的同时,还可以了解全公司范围内的业务知识并提高了自身的知名度呢?非常棒,不是吗?

组织一个内部发言人机构

1. 努力提高自己的公共演讲技能——创建一个演示报告向公司其他部门呈现你们团队的贡献。

2. 吸引其他部门领导者参与这项活动，建立一个内部发言人机构。

3. 合理安排发言人与听众，让公司内更多的人了解各个部门的工作状态。

第 *35* 节

告诉老板你感到厌倦
——掌控你的职业发展

让我们面对一个事实：你需要你的老板。除非你给自己打工，老板始终是公司内的必要组成部分，而且在你的工作体验中扮演着重要角色。老板给你分配工作，确定薪水，让你开会时不能睡觉，在你犯错误时还有望保护你。但有时老板却是最后一个得知你有新举动的人。这一点可以理解。毕竟，他的重点是保证整个团队的顺利运行，那可是十分费力的工作。因此，管理老板应该是你的职责，包括与他交流一下你的新项目或新计划，甚至是你想跳槽的想法。

当然，在达到某些标准之前，你不能直接走进去就说："我想做其他工作"，应该在谈话之前做一些必要的准备。你最好先有所表现，否则当你要求担当一个更重要的角色时，老板只会笑着目送你离开办公室。无论公司大小，不管职位高低，有些结果都可以提前预见。你需要对公司文化和运转模式有所了解。如果你在目前岗位上只工作了一年，公司内不成文的规矩就是你还需要好好"付学费"，因此最好提前有个思想准备，升迁有可能会遇到麻烦。

第二，你必须带着计划去找老板。关于你的想法及它的闪光之处都要做足功课。你需要推销自己和你的创意，而且最好准备回答老板的提问。如果你想担当重任，那么你认为自己具备什么样的能力可以领导更大的团队，承担更重的职责？如果你提出想调到一个新职位，那么谁适合接任你？为什么此时是调动的最佳时机？你的长期职业规划是什么？**站在双方的立场考虑谈话会如何进行，预测一下老板会怎么说，会有何感觉，会作何决定，然后准备好自己的回应。要力陈自己的主张，把谈话重点放在此次调动对个人及公司带来的益处之上。**

推销你的强项，表明你的情况

或者你的业绩不错，感觉自己可以做出更大贡献；或者你已经掌握了目前岗位的一切。那么祝贺你，你已经达到了第一步：认识到自己的优势，明确了方向。把它写下来，准备把你的看家本领和理想目标说给老板听（参看第 7 节）。要记住，厌倦并不是优点，如果你已经在工作中证明了自己，而且还有能力没有在目前岗位发挥出来，那才是开口的时机。同时应该感谢老板对你所付出的一切。谈话可以这样展开："我真的非常感谢您对我目前的工作给予的帮助，我个人也非常喜欢这份工作，但我希望承担更多的责任或尝试新的挑战。"接下来阐述你经过深思熟虑后做出的自我评价：

"我认为自己很擅长甲,但也的确希望有机会能去尝试从事乙。"表达感激之情与陈述自我情况只完成了一半工作。下面准备第二步:把你的建议拿出来讨论。

谈谈你理想中的下一份工作,以及它的意义何在。或许它拓展了你目前的工作,或许它脱离目前的工作而转向一个特别的任务,或许你从目前的部门一跃进入公司的领导层,或许是去公司内一个完全不同的岗位。无论是什么,都要直接陈述你的情况,摆出你的硬道理。如果想寻找这方面的参考,可以读读《经验的教训》[14]一书,它从"在实践中学习"的角度说明职业发展问题。看过这本书,你就可以说:"因此我认为这对我和团队或公司都有益处。"态度要坚定,但不要把老板逼到墙角。秘诀是征求老板的意见和支持,帮助你达成目标。表达了你的观点后,可以说:"我希望听听您对此事的看法,您是怎么想的呢?"在谈话进行当中,要直接表明希望得到他的支持:"您能帮助我实现这个目标吗?"或者"您对我还有什么要求吗?"

要记住,厌倦并不是优点,如果你已经在工作中证明了自己,而且还有能力没有在目前岗位发挥出来,那才是开口的时机。

你的直接上司大概是职场中对你最重要的人,当然会直接关系到你的发展。你效力的每一位上司都有力量帮助你前进或加速

你的职业发展,但坦率地说,也有可能会毁了你的前程。不要总是固守在同样的职位上,等着老板给你提供新机遇。用自己的方法获得提升,走出去,说明自己的想法。如果你不做这件事,还能指望谁呢?你真的敢冒险把自己的职业发展置于他人的股掌中吗?向老板提出要求,用热忱和信念来打动他,让他通过帮助你而获得自豪感。如果你在目前的职位上已经站稳了脚跟,那么很有可能他已经在那里等候你了。只需要大胆地去找他谈谈吧。

掌控你的职业发展

1. 对你的职业变动要提前考虑清楚——不要害怕去要求承担下一个任务(在你已经驾驭了目前工作的前提之下)。

2. 让老板明白你对某个职位有兴趣——不要让老板猜测。作好计划,准备推销自己!

3. 选择的岗位要适合发挥你的优势,并能从中学到新东西——想想新工作能教会你什么。

第 *36* 节
热爱数字
——学习阅读财务报表

这里有一个谜语：领导力的某一方面让领导者们又恨又爱，但大多数领导者并不知道该如何下手，这是什么？答案是阅读财务报表。

你是从事哪一个行业的？如果你身在金融业，可能会很喜欢它，对吧？因为这是你的业务，要靠它来获利。许多其他行业的领导者在经济萧条的时候很憎恶看到它，因为上面布满丑陋的消息。然而绝大多数领导甚至不懂该如何阅读财务报表，于是他们索性不看。我在这里并不是指你们部门的预算——那并不难懂（尽管常常是过期的或错误的，但那是你和财务部门的事情）。而我现在谈论的是总的财务报表，会写进年度报告的那种。你最近读过任何类似的东西吗？我想没有。那好，你要承认这一点——这么多年来，你都让这个技能从手边溜走了。但这里有一个建议：如果你希望自己的事业继续向前，需要把这一课补上。你真的希望走出自己的舒适圈吗？那么就来解决这个特殊的发展挑战吧。它会为你带来收益的。

你必读的四个报表

大部分公司都会准备和上报四个财务报表。它们是：1)资产负债表,2)收益表,3)现金流量表,4)股东产权表。虽然它们的命名有时不尽相同,但这些都是基本报表。让我们逐一来简单看看——上一堂阅读财务报表的"速成课"。

如果你想成为一个真正的"商界领袖",就需要具备资产平衡表、收入报表及现金流量的应用知识。

资产负债表显示在固定的时间点公司拥有的资产和负担的债务。资产包括实物资产,比如设备、工具和存货,当然还有那些不能被移动的、一直存在的、有价值的东西,像商标和专利。负债是指公司欠款的数目,包含各种承付款项,如房租、贷款、工资、所欠的材料或货款、应交纳给政府的税款。股东产权表包含在资产负债表当中,有时也被称为资本净值。假如公司出售了所有的资产并偿付了所有的债务,剩余的部分就是资本净值。因此,资产负债表显示的一方面内容是资产,另一方面是负债和股东产权,从根本而言它反映出两者之间的平衡关系(希望在股东产权栏里出现的是正数)。

收益表显示公司在特定的一段时间内(通常是一年)赚了多少

钱及花了多少钱。 在这里你可以找到收入和开销——其净值(书面语叫"底线")是公司的净收益或净亏损。收益表能告诉你在一段时间内公司是在赚钱还是在赔钱。典型的收益表也会显示每股收益数据。这个数字表明如果公司把这段时间的净收益全部分配,那么股东能有多少收入(当然,这种情况永远也不会发生)。为了计算每股收益,要算出净收入总额,并除以公司已发行的股票数目。

现金流量表显示一段时间内公司和其他企业或机构之间的现金流通状况。 这是一个非常重要的报表(尤其是近期的),因为公司需要有足够的现金来应付开销、购买固定资产等等。这个报表往往是衡量一个公司健康状况的晴雨表。

这只是开头,当然还有很多东西需要学习。你每天都能听到多达几十个不太熟悉的金融术语(折旧、分期偿付、手续费、勾销等等)。其中一些很难懂,但你需要了解一些常用术语以便与公司高层领导有效沟通财务问题。这就给你带来了一个新的发展任务:尽快学会如何阅读、理解并诠释财务报表。

当然一个简单的办法是自学。买一本相关书籍或在网上做一些研究,然后把这些材料有效整合起来。如果你选择这个方法,那么祝你好运——不要在睡觉前读这本书,否则你一次也就能读上一页。毫无疑问你会发现自己需要什么,但是如果你现在没有自学的动力,最好考虑其他学习途径。比较好的策略是与一个财务部的同事共进午餐,央求他教你阅读财务报表的基本常识(这也是在公司扩展人脉的好办法)。如果经常去请教,就会得到一些指点和经验。相信我,财务人员也会和其他人一样,愿意谈论自己的业务。他们掌握大量实例,很乐意告诉你想要了解的内容。最后,看看你们公司的学习中心或当地社区大学是否为非财务背景的管理人员开设财经课程。如果没有,就去某个大学或培训机构上个三五天的课程。各种各样为"非财务专业的管理者"开设的相关课程已经至少有 50 年的历史,大多数都会满足你的需要。设置这类课程就是为了深入解读财务报表,通常价格也比较合理。

关键问题是财务报表不仅仅是为财务负责人准备的。如果你想成为一个真正的"商界领袖",就需要具备资产平衡表、收入报表及现金流量的应用知识。你需要能在谈话中自如地讨论公司的财务运营状况。你需要能听得懂季度收益报告(另一个了解财务状况的好办法),需要清晰地理解首席执行官对分析师所说的话。简言之,你需要参与到这个游戏当中,因为商业的游戏就是金钱。学习去热爱数字,你就能跨越发展道路上的盲区。

学习阅读财务报表

1. 你需要熟悉公司的财务报表。不要再拖延下去——把学会读懂这些报表作为自己的首要任务。

2. 有几个你必须了解的基本报表——让财务部门的人给你指明正确的方向。

3. 把这项知识添加到你的技能组合中——如果不能机智地谈论财务问题,你就不会走得太远。

第 *37* 节

创建商业案例

——作出漂亮的业务陈述

领导者的重要技能之一就是影响他人的能力。事实上,这也是你在公司内能占有一席之地的一个决定性因素——你或许对某些人能够产生影响,或许你根本没有任何影响力。**如果你能成功地对他人产生影响,那就意味着他们认为你可靠、相信你提供的数据、信任你的判断力。**你要参与重大决策,向同辈和资深领导推介你的计划——没有比这更好的事情了。如果你在公司有广泛的影响力,祝贺你!你具备的这个能力任何人都不能分享。如果你正努力成为一个影响者,继续坚持,这是你作为领导者必修的一课。

无论你已经成为一个影响者还是正在朝这个方向努力,都要注意,影响力也是一个你能失去的东西。作为一个"核心圈"的人,却因为某种原因被排除在一些重大讨论或决策之外,恐怕没有什么比这更糟糕的事情了。这的确会令你迷惑不解。发生了什么事呢?你的意见如何才能受到大家的重视呢?本节将探讨提升影响力的技巧问题,帮助你去实现、保持或夺回自己在重大决策中受信任的地位。为了提升自己在公司中的位置,你需要影响他人——非常需要。

了解他人受影响的偏好

关于影响他人这个问题,你需要了解的第一件事就是人们具备不同的受影响的偏好。也就是说,有些领导者容易受数据和事实的影响,而另外一些人更容易受到热烈的诉求或"发自内心的"说辞的影响。如果采用的风格并不符合对方的心意,结果自然是你每次都无功而返。在我身上曾发生过这样一件事,当时我努力去说服首席运营官同意启动一个领导力发展项目。我需要他的支持,但在很多次会议后都没有任何进展。为什么呢?我尽量用自己华丽的言辞去影响他。我展示了热情,但我完全只是依靠"相信我,我是专家"的方式。我原本以为这就是我需要做的全部——难道他还看不出我是正确的?有一次,我甚至说:"你难道没看出它是多么有前途吗?"天哪,我的错误就在于没有意识到这位运营官是把决定建立在事实、逻辑和数据基础之上的。他必须看到白纸黑字的东西才能相信它的价值。幸运的是,他的办公室主任把我带到一边,告诉我如何用他喜欢的方式打动他。我为这个项目设计了一个商业案例,呈现给他保留、聘用及继任规划的相关数据,最终他批准了这个项目。到头来,我不得不调整我的方法来迎合首席运营官的喜好。我永远都不会忘记这个教训,于是自此以后,我都会尽量揣摩我的老板在作决定时容易受什么风格的影响。因此,好好做功课——了解你的上司想看到什么,能被什么打动。通常情况下,不仅数据是个很棒的均衡器,在会议中拿出商业案例或一些事实也几乎不会失败,往往就迈出了成功的第一步。但是如果你仰仗"相信我,我知道自己在做什么"的方式,将很有可能会遇上一些麻烦。

创建你的案例

创建商业案例的最佳途径之一是使用微软办公软件幻灯片,它似乎是目前企业内最有影响力的工具选择。把你的案例放在纸上的优势是即便你不在现场亲自阐释(尽管这是最理想的方式),也有可能会影响到他人。幻灯片也招来了很多批评,但在呈现案例和施加影响方面的确非常有效。秘诀在于它可以浓缩内容精华,突出重点并留下大量讨论、提问时间,还能表现出你的热情和个人风格。如果你想试试用简单抽象的风格来展示,只用下面 5 张幻灯片就可以说明某个商业案例。

第一张幻灯片:你需要解决的问题。首先呈现问题,提供支持数据突出问题的紧要性。目的是把观众的注意力吸引到你要谈论的主题上并感受到它的重要性。

第二张幻灯片:解决方案、答案或方法。不要继续卖关子,这张幻灯片应该包括你解决问题的计划。这应该是一张你最下工夫的幻灯片——你最有价值的幻灯片。你在这里可能会面对很多问题,因此要有所准备。掌握实情,对计划要客观,如果遭遇诘难也不要过度防御。一个有效的办法就是在这张幻灯片中给出 3 个选择,但明确表示你更倾向于哪一个。这么做就表明你对于不同的方法都持开放心态,但同时也表现出你的决断力。

第三张幻灯片:证据。接下来,增加一张包含支持数据或证据的幻灯片来表明倾向于这个解决途径的原因。

第四张幻灯片:预算、资源和时间表。你的第四张幻片灯应该细化到项目所需的预算和人事问题,以及计划完成的时间表。

第五张幻灯片:立即行动步骤。最后,你的第五张幻灯片通过详述接下来采取的工作步骤,进一步表明你的信心和规划技巧。同时向听众证实,你知道从何开始,你已做好充分准备。

幻灯片可以浓缩内容精华,突出重点并留下大量讨论、提问时间,还能表现出你的热情和个人风格。

这个呈现方法可以有效影响大部分听众。它简短到只需要 15 分钟就可以说明问题,而且辅以翔实的资料。领导团队可以评估这些事实和数据,然后放心地接受你的推荐。如果你希望成为公司的影响者, 就准备用简明利落、数据翔实的业务陈述来支持你的观点,让它看上去清晰而专业(有时这足以打赢半场战役)。可以预先在团队成员或同辈面前演练一下。影响他人是取得进步、提高知名度的有力武器。如果你希望突破自我,掌控你的领导形象,这是一个很棒的起点。改进你的商业案例,用自信呈现出来,然后就可以开始在公司内部培养你的粉丝团了。

作出漂亮的业务陈述

1. 影响他人是一门艺术。做足功课去了解你的老板容易受什么风格影响。什么能促使你的老板作出决定？

2. 创建一个强大的商业案例——大多数领导者尊重并期待数据展示。他们希望从中看到投资回报和逻辑分析。

3. 让你的业务陈述简明扼要——利用 5 张幻灯片传达出作决定的必要步骤。

第 *38* 节

一个健康的你

——精力充沛地工作

来吧，你早就知道它会到来，这本关于领导力发展的书如果没有本节将是不完整的，它必须涉及心灵、身体和精神的主体，对吗？到目前为止，我们已经探索了许多提升领导力的技巧和理念——了解、实践和信任这些东西会帮助你充满自信并形成自己的领导风格。现在我需要说说你的生理健康问题。那么开始吧。我想问你一个问题："你的身体健康状况如何？"是啊，它就摆在那里，让我们来解决这个问题。

有大量的研究表明，人们感觉身体健康的时候，工作的效率会更高，取得的成果也更为丰硕。这是显而易见的道理，对吗？例如，2004 年第一期《职业与环境医学》杂志中发表了一个标志性的研究，它表明进行适度锻炼的人工作的质量和成绩优于那些习惯久坐的人。根据这个研究，比起那些身材走样的员工，身材适中的人与同事相处更加和谐，请病假的天数也更少。心血管健康水平高的人能用较少的精力完成更多的工作 [15]——这对我很有启发。

保持充沛的精力是获得高产出和全情投入的重要前提。

你是否会说自己的经验证实了这个研究结果？在你身材适中、休息充足、饮食得当的情况下，工作起来是否更加从容？当你自我感觉或看上去身体不错的时候，是否自信心也得到了提升？事实上，为了在专业性、成熟度和价值观上成为大家的表率，你需要在自己的领导力品牌中添加一个因素：做身心健康的楷模。

做对你有益的事情

我们每个人处于人生的不同阶段，这就意味着每个人的生理健康水平也是不同的。我不会给出大量的指导意见，教大家如何饮食和锻炼，你可以自己找到这方面的建议，而且你有可能许多年来都是这么做的。我只想说你必须诚实地面对自己的身体状况和工作表现之间的关系。你的身体能够使你的大脑和精神处于最佳状态吗？如果对自己的精力、注意力、敏锐度或保持平和心态的能力不甚满意，你的身体健康状况就出了问题。

这里有个故事，可以强化身体健康的重要性。几年前，我们领导力发展项目的一位管理者谈到了他对健康问题的认识过程。他说自己一贯是按照如下顺序排列生活中事物的重要性：家人、工作、信仰、健康。接下来的一个事件差点儿要了他的命，于是他告诉大家自己调整了生活的优先次序：健康、家人、信仰和工作。他意识到，如果不先照顾好身体，自己对家人或公司一点儿用也没有。于是就有了下面的建议，听起来真的很平常：达到你需要达到的状态，才能在工作中有上佳表现。不要让身体健康问题成为你在公司里无法成功或取得领先的理由。

2003年吉姆·罗尔和托尼·施瓦茨出版了一本很棒的书，名为《全情投入的力量》[16]，给我们提供了一些有用的见解。这两位作者认为，管理精力（与管理时间相对）是高效工作的关键。前提条件在于随着年龄的增加，你每天拥有同样的时间但却没有同样的精力。保持充沛的精力是获得高产出和全情投入的重要前提。这一点听上去很适合我的情况。我们有证据表明身体健康与工作表现相关，常识也告诉我们精力越充沛，效率就会越高。你可以试试看。那么现在该怎么办呢？

第一步是对目前的身体健康状况有一个基本的考量。在私人医生、公司医务人员或医院专门项目的帮助之下，你可以做一个身体检查。询问专业医疗人员自己身体哪部分的机能最需要加强。然后，认真按照建议去做。你需要了解每天使用的这部机器状况如何。

第二，强健的身体与长期的睡眠质量有关系，也会对工作状态产生影响。研究结果表明，每天按固定时间睡觉和起床（一个有规律的作息）至少（有可能更为重要）与睡眠的时间量同等重要。检查一下你自己的睡眠规律,如何才能建立一个更加有规律的、适合你的睡眠模式。第三,评估一下你的饮食,询问一下营养学家的建议。你吃什么、何时吃会影响你工作时的精力和耐力。

最后,问自己三个问题来确认你的精力对工作表现的影响:

1. 什么能使你对工作感到兴奋?

2. 一天当中的什么时候你会觉得精力最为旺盛?

3. 你能从谁的身上获得动力?

回答第一个问题前,把所有的重要工作活动都找出来,把它们统统放在一起作比较,你大概能够列出的项目有团队会议、与下属相处、客户访问、计划会议、处理电子邮件等等。然后,给每一项工作都简单标注等级(可以用1—5级表示),用来标示你的投入程度。你很享受自己从事的工作吗?哪一点你特别不喜欢?诀窍就是多做一些能让你感到兴奋的事情,少做一些乏味的事情。还记得授权吗(参见第14节)?把授权当成一个替代能源,工作中不时关注自己的能量水平。而且,你会发现在从事最喜欢的工作时能量的自然储备最充足,因此,应该把能量最充沛的时间留给最消耗精力的工作。当然,这个想法实现的前提是你要了解自己哪个时间段能量水平级别最高。如果你早晨能量最佳,那么就把最不喜欢的工作安排在午饭前,因为这个时候你会格外小心和留意。同样,你最喜欢的与人交往活动可以安排在午后的时光。如果这的确是你能量最差的时段,就安排与你最欣赏的同事进行单独会面。因为有些同事可能会给你增加能量,而另一些恰恰相反,简直会把你的精力耗光,所以确认下属的类型,然后在一天合适的时间来应对他们,你就会取得富有成效的结果。

工作的确很消耗人的精力。它向来这样,很有可能还会继续下去。因此,保持身体的健康、充足的休息和良好的状态才能应对它。你应该让自己和团队每天投入最好的状态来工作,这只有在身体感觉不错的情况下才容易做得到。或许这也是你面临的最大领导力挑战:你如何引导自己在通往健康的道路上走下去?无论你作出什么决定,不要等待,立即开始。这是一个你不能拖到明年再去完成的项目。

精力充沛地工作

1. 你的健康状况决定了你的能量和生产力。了解自己需要达到何种身体状态,制订计划去实现。

2. 向健康专家寻求发展计划。如何评估你目前的健康状态,如何才能确立和实现健身目标?

3. 这件事没有人能够监督你做——你必须自觉地养成习惯,变成一个你希望看到的自己。

第 *39* 节

撰写自己的剧本

——设想你将来的角色

你享受走出舒适圈后的旅程吗？尝试一些新事物的感觉如何？你在设法突破自己，对吗？很好，这正是你应该做的事。如果你不挑战自己尝试一些过去没有体验过的事，你就不可能成长和学会新技能。按照这样的方式来思考问题：如果你一直做习惯的事情，就永远只能得到相同的结果。你需要突破，使用一些激动人心的方式去寻求发展，否则你这个领导者不会取得进步。

这里有一个练习可以真正挑战你看待事物的独到眼光：想象一下自己置身于不同角色、不同环境和不同行业的情景。对了——这是走出舒适圈的另外一种途径，设想一下自己假如不在现在的公司做这份具体的工作，会是什么样子。现在你可能会问："这与提高领导技能有什么关系？"好问题，但我等会儿再回答你，先进入练习。

从你的理想职业开始

你爱做什么事情？ 回答这个问题时不要想到一个具体的岗位，而是写下一些能令你兴奋的活动。你喜欢解决问题？教书育人？建立关系？做生意？白手起家开个公司？创建一个团队？什么才是你最喜欢的事（这个列表中可能包括许多你根本没有机会去尝试的事情）。什么样与工作相关的活动最能激发你？把你罗列的活动局限在 5 个之内。你会发现它可以较为清晰地描述出你的理想职业。如果你能找一份工作，允许你在大部分时间都从事这 5 项活动，是不是很棒啊？

如果你一直做习惯的事情，就永远只能得到相同的结果。

接下来，排列一下你理想的工作环境： 大公司、小公司、咨询或专业服务公司、非盈利组织、政府机构或公共服务、独立承包人。当然还有其他职业选择，但上述六项涵盖了大部分情况。哪个最适合你？记住，一定要对自己诚实。当你展望未来的职业发展时，什么最吸引你？你的选择很有可能不是你今天所处的环境。以我自己为例，除了政府部门外，我在上述所有的环境都工作过，每一个环境都可以给我提供不同的体验。在初入职场时，我在一家小的咨询公

司工作,那里要求我学习业务的方方面面。公司那么小,我们不得不全力以赴、亲力亲为。后来,我进入了另外一家小公司,它给人一种真切的目的感和归属感,虽然我很年轻,但已经成为管理团队的一员,去为公司的成长而奋斗。之后,我有幸进入了一些受尊敬的大企业工作,在那里,我真正体会到为赢家工作带来的使命感和兴奋感。再后来,我服务于一家非营利组织的董事会。现在作为一名独立的咨询师,我有很大的灵活性和自由度去约见新朋友,拓展我的技能。很显然,上述这些经历造就了今天的我,你也一样。当你审视自己写下的一串文字时, 考虑一下你的心指向何处。你是否适合于目前的环境, 或者你是否已经做好准备去体验另外一种组织结构?

最后,考虑一下什么行业或市场范围最吸引你。你对替代能源着迷吗?你对卫生保健或制药等挽救生命的行业有兴趣吗?你一直想去户外工作还是待在办公室里?公共服务领域如何?喜欢知识工作者的行业(技术)或客户接口行业(旅游,娱乐)吗?考虑一下你真正希望与哪些产品和服务发生关联,这一步很关键,可以表明你希望在什么样的公司工作。这个练习相当简单,不是吗?你现在已经明确了自己想做什么,想去哪里工作,而且什么样的组织氛围最适合你。祝贺你,你已经创建了自己想象中的"理想角色"。

对今天的我有何帮助?

现在让我回答你的问题:"这与提高领导技能有何关系?"你现

在理解了吗？有三个理由可以让你退后一步,设想一下你的理想角色。**首先,它会帮助你认识到这是你的责任。**如果不先去设想一下,那么永远也不可能实现——他人无法替你去憧憬完美的工作或职业。你过去是否想过这些事情？在培训实践中,我会反复要求管理者做这个练习,我不断惊奇地发现有那么多人从未以这种方式考虑过自己的技能或职业。你需要了解这些有关自己的情况——你喜欢做的事,想工作的地方和公司的类型。在这里,好好反思和洞悉一下自己的希望和梦想吧。

第二个原因是显而易见的:如果这就是你所期待的东西,为何不让它变成现实?认真考虑你的答案。你已经有能力去改变自己支配时间的方式,那么应该把大部分时间花在你最喜欢的事情上。当然,你不可能在一夜之间改变,但或许你可以力求创新,帮助你的公司开发出新产品或新市场,或许你能够用一点点创造力去开辟新的经营渠道,它会带你走近你向往的领域。你的环境如何?如果你工作在一家大型的官僚气氛浓厚的公司,希望去一家小公司,那么想办法把自己的小角落装饰得有一种小型创业公司的氛围。如果你工作在一家小公司,却向往大企业的环境,那么就想办法在做事的方式上增加一些纪律和程序,像那些大人物一样。另外,你是否可以帮助自己的团队像大公司一样提供更多的咨询服务,表现得更为出色呢?

最后,当你面临新的职业挑战时(公司内外都有可能),这个练习可以给你提供帮助。你在职业生涯中一定会遇到很多次类似决定。你用什么来作出判断?了解自己想做的事,自己想去工作的地方,你希望谁来帮助你理清选择并指点你走在正确的道路上。

关键在于,你忙碌于目前的工作是件好事,你奉献于自己的团队和公司,你有希望在这里获得快乐。但是在行进的途中,你需要写下自己的职业历程,需要去憧憬自己的未来职业发展之路。毕竟,如果你不知道自己去向何方,其他人更不会知道。明确了对自己重要的东西,然后追随自己的心吧。或许你在崭新的领导历程中刚刚迈出了前几步呢!

设想你将来的角色

1. 提前想想职业道路上的下一段旅程:你想做什么? 你对什么感兴趣? 你想在什么地方做这些事? 与谁一起做?

2. 记录下你理想的活动、行业和工作环境。会得出一个线索,了解自己职业历程的下一阶段可能希望在什么地方工作。

3. 这是只有你能够做的事情——没有人可以代替你做。对自己的未来投入一些兴趣,准备向舒适圈外跨出一大步。

第 *40* 节

质疑一切

——一年两次审查你的战略

作为领导者,你怎么能确信自己做的事都是正确的? 你怎么知道事情是在正常的轨道上运行着呢? 你怎么知道何时该撤出一个商品、技术或推出一个新的服务系列? 有些因素你能够测量,就会有清晰的了解,比如预算情况、团队的管理水平及客户服务。但还有一些战略的组成部分,像产品、技术、服务、市场、定价等等,是否在你的掌控之中呢?

缺乏经验的领导者都会陷入一个误区, 他们认为只要全局战略合理,单个元素就一定会运转正常。情况并非如此,尤其当其中涉及许多环节的时候。你想获得持续发展的策略是,你必须明白一点——一切看似运转正常的时候恰恰是你该质疑一切的最佳时机。你认为掌控了一切的时候最为危险,因为麻烦往往在此时悄悄接近你。然而每次行动前总是质疑自己也会产生负面作用。你必须要相信你和你的团队已经建立了一套正确的驱动程序, 需要集中精力来执行。那么，一个聪明的领导者该做些什么呢？

一年两次审查战略要素

说到战略要素评估(参见第 10 节)，有一种称之为"提前泄洪"的方法可以平衡自以为是的偏执心理。与你的团队成员一年召开两次为期半天的战略评估会，来确保你们的行动计划走在正轨上。把会议安排在上午(这时大家精力旺盛)，集中精力讨论一个问题："我们表现得如何？"为会议建立一套工作程序，便于每个人都明白基本规则。此外，你要允许大家各抒己见，在评估中保持客观态度，按时完成会议。哦，还有一件事，如果你能走出领导者的舒适圈，作为普通成员参加讨论，效果会更为理想。是的，你或许要不时打破僵局，不时对有些信息加以补充，但一定不要使用命令的口吻。你的目标是对战略要素的运转状况作出真实的评估，但是如果你总是打断或垄断谈话，就不可能达到预期效果。一年之中至少要抽出两个上午的时间，来倾听团队成员的意见和看法。让他们推进这个讨论，在白板上写下重点(它既是你自己的一个发展机遇，也是评估团队成员的思维水平、考察团队协作的好机会)。

你必须明白一点——一切看似运转正常的时候恰恰是你该质疑一切的最佳时机。

　　给团队确定了基本法则后，有一个简单的工具和流程可以帮助你寻找答案。首先,把你能够想到的一切都罗列出来,即你们团队负责的部分。当时我在公司领导组织发展团队的时候，就曾说过,我们所做的一切不外乎一种流程、一个工具、一个项目或一种服务。我们所能交付的内容自然会归于上述四类之一,这就能清晰地显示出战略中的某一因素分量是不足还是超重。例如,第一次我们把做的事情都罗列出来后,发现不幸缺少了员工自我服务工具,因此这就变成了我们新战略中需要推进的内容。

　　把这一套流程、工具、项目和服务的观点拿到会议上讨论之后,就需要用图表 7 所演示的策略检讨模式来评估每一项指标。首先画下 4 个方框,在上方写下你的任务和策略,用以提醒自己需要达成的任务。然后,让团员填写方框的内容。在这个过程中保持安静(我说过,你需要走出舒适圈),放松、观察、倾听,然后让团队引导这个讨论。

图表 7:战略评估模式

是	改进	继续
是否符合战略?		
否	暂停	输出

否　　　执行是否顺利?　　是

　　显然,这么做的目的是看看一切是否符合战略规划,你是否需要提高执行力。最容易作的决定就是对付那些不适合战略目标或执行得很差的内容(暂停象限)。停止这些项目、流程或服务即可。它们浪费了资源,达不到客户满意的效果,整体上阻碍了计划的进行。委派某个人负责这个"暂停"计划,然后继续下一个会议内容(不要在会议上解决个别问题)。对于那些执行有效、符合战略的项目(继续象限),可以祝贺你——你们需要继续重视这些项目,并在6个月后再次评估。对于那些虽然适合战略但执行得不顺利的项目(改进象限),它们有成功的希望,因此值得花些时间促成它们的有效性。安排某人跟踪这个改进计划,你可以在下次例会时审查。最后,如果发现有些事情的确做得不错,但它们与战略不符(输出象限),那么需要考虑把它们转移到公司其他部门使用(例如,我们会经常发现,组织发展部从事的工作更加符合人力资源部的任务和战略),而你可能要被迫放弃用于开展这个项目的资源。如果它不适合你的战略,你需要作出正确决定,把它转移到适合的部门。花些时间,仔细讨论每项内容。这个模式可以帮助你判断适合你的内容以及需要继续提升的部分。

　　这个简单的程式似乎很适合一年两次的检讨会。当你"打开背包",客观地评价里面的内容之时,也就获得了一个评估团队成员的机会。他们对什么感兴趣?他们如何评价并看待每项内容?谁表现得客观?谁会为自己钟爱的部分展开游说?他们相互之间如何展开争论?他们之间的互动是有建设意义的吗?放下你的自尊,允许团队引领讨论,对你的整套战略进行严格评估,那么你也提高了客观评估团队执行力和业绩的能力。这个练习对你将来担当公司高层领导角色尤为重要,那时需要你在这类活动中表现得更为出色。如果你之前从未组织过这类会议,那么从现在开始吧。这个练习可以同时起到完善战略规划、提升和评估团队、加强领导能力的重要作用。

一年两次审查你的战略

1. 退后一步,客观地审视一下自己的工作进展:哪些做得不错? 它们是否适应你的战略?

2. 让团队起到引领作用——这个过程可以有效地提升下属的战略思维能力,你也可以观察他们的团队合作能力。

3. 准备暂停或放弃计划中的部分内容,因为它们不再适合你的战略。

第五章

不是为了你自己

在我的职业生涯中,曾有幸与多位杰出的首席执行官共事,其中一位是美国第一资本金融公司的理查德·费尔班克。费尔班克先生与公司的领导层谈话时常常会这样说:"这不是为了你自己,而是为了他们。"当然,他的意思是领导艺术与你领导的下属有密切关系——最终,这不是为了你自己。这就会引发一些问题:这是你看待领导艺术的方式吗?这是对管理者的角色定位吗?如若不然,你把自己当做仆人式领导者会怎样呢?它会对你产生怎样的影响呢?

或许得先从你作为领导者如何安排时间谈起。你是否把时间花在一些重要的事情上?其中包括人才发展吗?假如你改变自己的工作方式,努力去提升雇员的形象、与老板分享雇员的成就、与高层管理者共同给雇员定位,结果会怎样?日常工作之外,你是否会去义务指导公司内外那些缺乏专业知识的人?你是否会把给他人提供反馈和支持放在首要位置呢?领导者的责任之一就是要去帮助他人提升技能。在公司大学教授一个班级的课程如何?这是一个你"赠送"知识和专长的好机会。你打算这么做吗?你善于倾听吗?你可以出现在需要你的位置上,做个耐心而专注的谈话对象吗?最后,你对于继任者有何计划呢?你为自己的继任者做了哪些准备?这些问题有助于你实现从"为了我自己"到"为了他们"的过渡。

做一个这样的领导者,能把他的下属放在首位,努力工作帮助他们进步。能够在困难时全身心付出,能够把公司的利益置于自己之前,能够以热情和无私的品质为他人所敬仰。如果你希望做一个与众不同的领导者,就请记住"不是为了我自己"这句话并努力把它付诸实践。你会为取得的结果感到高兴。

第 *41* 节

完全为了他们

——展现你的下属

　　提高领导力根本不是为了你自己,这的确是件有趣的事。了不起吧?为了自我提升所做出的所有艰苦努力居然都跟你无关,而是为了自己的直接下属和他们的团队,这些人才是你卓越的领导才能的最大受益者。当然,你也从中得到了一些收获——你的技能越全面,你就对目前(和将来)的雇员越有吸引力。更加游刃有余的领导技能才能给予你自信,支持你去做更多的工作,把你的职业定位于更高的标准。让我们回到你的团队和领导艺术的本质上来,它需要你帮助一群人完成他们自己认为不可能完成的工作。最终,领导艺术是与下属相关的,与增长他们的知识、技巧和能力相关,与帮助他们获得提升相关。**于是你作为领导者的一个责任就是——把你的团队呈现在公司面前。**

　　只有你了解自己的团队有多棒,但你却没有尽你所能在公司为他们提升知名度,给他们的职业生涯提供助力。你是他们的赞助

商,是他们的守护天使,这里有两个主要途径能够让你展现团队:
1)增加整个团队和团队成就的曝光率和认知度,2)支持个别有成
功潜质的团队成员(你最优秀的下属)。对于前者,你要确保团队能
够获得他们应该得到的奖励。实现这一目标的途径很多,关键在于
你为自己的团队请功的时候,需要抓住要点,表现得谦虚而友好。
公司内有许多表现不错的团队,在评定业绩的时候,你会因为领导
有方而获得赞誉,但千万不要忘记为整个团队喝彩。确保你的同
辈,尤其是你的上司,还有你上司的上司都能够了解整个团队的成
功。要强调结果,没有人愿意倾听团队工作的艰难——大家都不容
易。而且,我希望你现在能明确一点,在表扬团队的时候,不要把自
己列入夸赞的行列。这不是为了你自己,还记得吗?下属会知道你
所施加的影响,毕竟,是你让团队可以实现一个宏愿、一个任务或
一个战略,是你指导他们一路走到终点。无需在这件事上做什么大
人物——这是你作为领导者应该做的。在这方面,我曾目睹有些人
做得很好,有些人则表现得很差,我想你也有同感。不要像有些上
司那样,习惯突出自我,喜欢成为焦点,一切都是为了自己。在你谈
起团队及他们的成就时,只谈下属就好。

确保你的同辈,尤其是你的上司,还有你上司的上司
都能够了解整个团队的成功。要强调结果,没有人愿意倾
听团队工作的艰难——大家都不容易。

展示你的明星队员

让我们回到你要负责推出团队中优秀人才这个话题吧。看到自己培养的下属可以获得成功,事业有所发展,这种感觉挺棒的。你的确在其中扮演了重要角色,因为没有你的认可和支持,他不可能向前发展。如果你说他们表现平平或只是能力尚可,那么公司很有可能会采纳你的话。同样的,如果你选择赞助和认同某人,公司就有可能信任你,对他加以注意。推出明星队员,你有三件事情要做。

首先,确保他们在老板面前能够定期曝光。如果他们是某些项目的负责人,就带他们一同参加阶段会议,并让他们在讨论中多发言。要求老板能单独约见他们,来了解他们的才能、品质和理念(一个反方向的越级见面,参见第 44 节)。下一次老板指派你出席某个在部门或公司露面的场合,你请求老板考虑明星队员代替你参加。然后,在整个任务执行过程中让老板训练和指导他。安排你的上司和你的下属每季度或半年共进一次午餐,让他们能够在非正式场合相互认识。换句话说,离开中间人的位置,让你的上司和明星队员增进联系。老板们往往在决定与你共同栽培某位员工之前,就已经有了他们自己的意见——而推进这个过程就是你的工作。

第二,在老板如何看待你的下属这个问题上,你的同辈起着重要作用。如果你的上司像我原来的那位上司一样,他们会询问你与同辈的团队成员合作时的工作体验。这样做可以理解,因为他们要收集一些团队成员的相关信息。但你要明白,如果老板向你了解这些成员的才能问题,他也一定会问你的同辈有关你的下属的情况。要好好利用这个机会。如何利用?让你最优秀的下属取得你的同辈的认同。与同辈共同合作的项目进展不顺利的时候,你要主动为此承担起责任。利用每个机会在同辈面前表扬你的下属,表明谁是你心仪的人选。不久后,你的同辈就会了解你的明星队员是谁。总体而言,重复第一点中针对老板的工作技巧就可以了:在项目进行中、任务小组中及业务陈述中,为你的明星队员与同辈之间安排黄金时间进行接触。不要低估了同辈对你的下属作出的评价,它会对老板(从根本而言是公司)产生一定影响。

第三,你的公司可能会有正规途径让你展现最优秀的下属。人才评估或接班人计划是推出下属的好机会,甚至有可能在高管团队或首席执行官面前推出。在谈话中拿出你的热情,但要注意对他们的才能和潜力给出一个适度的结论。没有人是十全十美的,如果你不客观或妄下结论,那么不但帮不上忙还会对其造成负面影响。一定要强调每位高层领导都希望听到的三点特征:战略思考能力、职业道德及与人合作的能力。这些都是判断人才的"必杀技":他们的思考能力如何?工作努力吗?是善于团队合作的人吗?几乎每位员工对公司的贡献都可以从这三个重要能力中衍生出来。

最后,在我这么多年的团队领导经历中,总会选择1—2名下属快速推向公司。我花了大量时间在最优秀的队员身上(坦率地说,我很喜欢和他们相处),给他们布置更具挑战性的工作,他们在面临巨大考验的同时,也获得了最佳的机会来磨炼技能。我把他们介绍给老板和同辈,带他们参加公司的战略会议。我把提升他们的声誉当成自己的任务,往往在很短时间内就可以做到(嗨,如果你有特别人才,一定要尽早挖掘)。最后,我要做的事就是把他们留在公司,即便他们可能会去其他的团队工作。我利用升迁、加薪、有趣或有挑战性的任务等机会,设法把他们"出口"到其他部门,让他们攀登更高的职业阶梯。当然,放弃顶尖的员工是件痛苦的事情,但当他们为迎接更大的挑战做好了准备,你不应该阻挡他们的前程。

在这里,你对"这不是为了自己,而是为了他们"这句话的直接阐释就是让最优秀的下属身处老板和同辈的瞩目之下,这个举动应该持续于绩效管理或人才评估过程之中。选择你的团队明星,为他打造快速聚焦计划。你作为一名可以信赖的人才评估者,需要在他身后使出浑身解数。某一天,当你发现有好几位公司栋梁之才都是从你的团队走出来的,这种感觉对于一个领导者恐怕再好不过了。而且,这就是领导艺术的最终目的。

展现你的下属

1. 积极寻找让你的下属可以走向成功的办法。布置给他们一些任务,让他们可以呈现在你的上司面前。

2. 把大量的时间花在你的明星队员身上。这听上去似乎违背常理,但这是正确的选择——培养你最优秀的员工。

3. 宣传团队的成绩,但要注意体现谦虚和风度。

第 42 节

回馈社会

——帮助一家非营利机构

能够掌控自己的领导力发展进程，这感觉如何？你的努力获得回报了吗？你注意到什么变化了？如果更加理想的话，你的团队注意到什么了吗？你的老板或同辈们呢？如果你做足功课，应该对自己发生的改变感觉不错，你拥有了更多的自信，而且坦率地说，能够经常使用这些高超的技能真的很不错。不仅对你很重要，对你的公司和团队也有好处。你取得了进步，团队就会变得更富有成效，公司可以具备更强的领导力。这也是用人合约潜台词的一部分：你努力提高自己的技能，公司最终获益——这是典型的水涨船高。

提高领导技能的另外一个原因与你的工作和职业发展没有关系，它涉及如何把技能运用到你工作之外的许多方面。你的领导艺术有可能会在教育孩子方面有所体现。或许你可以更有效地应用于学校董事会、教会委员会或生活中的其他角落。幸运的话，提高领导艺术甚至会让你成为一名好家长、好配偶或好朋友。你可以在各种场合发挥领导力——任何人们聚集在一起来制定目标、解决问题、共同完成任务的地方。

办公室之外还有一个地方可以使用你的新技能——用你的领导力为社区的一个非营利机构工作。无论它是一个大机构还是一个小组织，你的技巧对一个当地的慈善组织、基金会或志愿者团队都会非常有帮助。那些管理人才、制定策略和引导变化的经验对这些组织而言都是一笔真正的财富。他们需要你的帮助，你也可以利用这些补充性的领导体验（它有可能与你现在的角色有很大不同）。在非传统的环境中你可以在三个方面发挥你的领导力。

你可以在各种场合发挥领导力——任何人们聚集在一起来制定目标、解决问题、共同完成任务的地方。

利用你的专业技能

首先，为非营利机构担任顾问（当然是无偿的）或导师，在你的专业领域方面予以指导。如果你是一位会计师，可以帮助审查和评估财务工具和程序。如果你从事信息技术方面的工作，可以利用专长评估组织的系统或提供升级方面的建议。无论你从事的领域是市场、运营、商业开发还是人力资源，都可以提供专业性或技术性的知识用以评估目前的程序或开发新的项目。你也可以给目前的在任者做教练或顾问,找到他在知识和经验方面的差异,然后提供建议和指导(这个平台可以用来实践导师技巧)。无论你从技术的角度出发做些什么还是教授什么,都要为这个项目设定特别的范围或参数。要清楚地了解哪里需要帮助,如何提供帮助以及这个工作会持续多久。

发挥你的领导技能

第二,把你的领导技巧用于一个项目或活动当中。非营利机构希望志愿者能帮助筹措基金、筹款募捐和组织慈善活动等等,这就为你提供了另外一个途径来实践你的策略、计划和组织技巧。当然,在公司里你可以对工作中的下属下达命令,但你能对那些与你没有正规上下级关系的志愿者施加影响并获得他们的信任吗?挑战是不同的,但是你可以使用同样的管理技巧,而且这个过程可以让你在其他许多方面得到锻炼。你如何面对那些变来变去的最后期限,应付那些形形色色的人?你如何应对公众?如何为一些在你控制范围之外的事情负责?如何利用有限的资源来完成任务?关键是把你的领导才能用于一个非盈利活动中,你可以获得更丰富的经验,这与你在工作中面临的挑战完全不同。首先,风险一般比较高,如果没有筹措到足够的资金,机构的未来就会有风险。(你们公司是否能在业界生存,你会有这么大的掌控权吗?)而且还会有一种情感承诺,你会感到成为它的一部分是那么重要。你从那些忙忙碌碌、充满激情的成员身上学到了什么?你从这种经验中学到哪些东西可以运用到工作当中？

　　最后，如果在机构的董事会中占有一席之地，你就能发挥更大的作用。你的策略及领导能力在这个层面上会更有用武之地，尤其是如果你拥有高层领导团队的工作经验。成为董事会的一员让你能更广泛地接触到高管和公务人员，而你原来可能没有机会结识他们。锻炼你在制定政策和战略方面的技能，多接触预算、监管和一些在日常工作中不常遇到的社会挑战。这是每个领导者都应该至少去尝试一次的有价值的体验。

决心有所创新

　　此时此刻，我希望你在想："你知道吗，我一直希望这么做。但我如何开始呢？"好，我很高兴听到你的问题，因为参与本身就是一种进步。首先，需要与你的爱好相关联：是什么原因让你愿意投入额外的时间参与到一项任务驱动型的事业当中？哪些机构从事的工作让你很有兴趣？接下来，上网寻找当地的慈善机构、非盈利组织或志愿团体，然后下工夫研究研究。当地一定有好几家非盈利组织可以让你投入一腔热情。最后，与他们取得联系并亲自上门拜访。要求与执行总监见面，描述一下你能从事的工作，听听他们的意见。要大胆地把你的专业知识说出来，表达自己渴望提供帮助的想法。与此同时，欣然接受从志愿者做起的提议，因为机构成员需要了解你之后，再邀请你进入咨询或领导岗位。

　　你与一家符合兴趣的非营利机构建立联系之后，不但可以在新的领域培养新技能,施展领导才华,而且还可以把收获的经验用于日常工作当中,这或许是最大的礼物——一份你给自己的礼物。

帮助一家非营利机构

1. 当你决心做这件事时,要全心全意地投入。这需要你的承诺与奉献,但也会得到有价值的回报。

2. 搞清楚激励自己的因素:你的兴趣是什么? 你如何给某个慈善组织或非政府机构提供最大的帮助?

3. 看看自己如何能做出最大的贡献,把你的技能志愿奉献给美好的事业——这个经历会使你成为更杰出的领导者。

第 *43* 节

老板希望听到什么？

——给上司提供反馈意见

可以说你一直在不断精进于领导艺术。你的团队先有了创意，你来影响公司作出重大决策，然后准备启动一个新产品，将会带来巨额的收益。你对自己的进步感到非常高兴，领导力工具箱中添加的新技能也给予你更多的自信。一切都很顺利，对吗？好吧，除了一件小事：你的老板。你的老板一直风格稳健，最近却总是莫名其妙地出错。在过去的几个月中，他从一个首席执行官信赖的顾问变成了可有可无的边缘人——这对你而言可不是什么好消息。发生什么事了？更为重要的是，你能做些什么呢？

在工作中，没有谁能比你的直接上司对你更为重要了。就像两根对人行桥起到固定作用的尺度索一样，你需要从他那里获得两根支柱。**第一根尺度索是他在公司内的声誉。**当你的老板被看做是不称职的、不可靠的或者没有什么使用价值的，那么这当然主要是老板的问题，但也是你的问题。如果你的老板不受重用，除非你非常有才华并且能脱开与老板的干系（往往因为你已经找到其他的主管），否则你将会受到一些牵连。你的个人发展开始受到冷落，得不到充足的资源保障，高管也会开始质疑你的一切等等。**第二根尺度索当然是老板同你的关系**。你们工作时相处得如何？他信任你，容许你犯一些错误吗？他会给予你支持吗？他喜欢你的创意，信任你的判断力，作决定之前询问你的意见吗？作为一名领导者，与老板保持密切的关系当然很理想。没有什么比老板给你支持、放手让你的团队大干一场更理想的事情了。但是现在他遇到了麻烦。你该怎么办？

反馈的礼物

在这种情况下你必须做的一件事就是给老板提供反馈意见。你应该这么做：你要询问一下是否能帮得上忙，描述一下你观察到的情况，然后提供一些建议。我知道这可能不是一件容易的事，尤其是你们过去并没有建立向上反馈的模式。但是当局面即将发生质变的时候，你必须为之努力。

在你们下次单独会谈时，询问一下上司的情况。有时他可能会无需提示直接说出问题，**但多数情况下，你必须先开始这场谈话。你可以选择直接或间接的办法**。直接发问可以非常简单："最近你和高层团队之间的事情进展如何？"或者"首席执行官那边的事情怎么样了？"如果采用间接方式，你就可以这样发问："今天你有什么心事吗？"或者"什么事让你晚上睡不着觉呢？"关键是让老板开始谈论工作,谈论他的上司或者公司。如果他不愿此时谈论这些问题,那就算了,你已经表达了对他的关心,可以下次再讨论这些问题。最终,你的老板可能会对你说心里话。如果是这样的话,重新使用你的倾听技巧和指导技能,因为你需要运用到它们。

如果你的老板做出回答,他将很有可能轻描淡写地说两句(面子很重要)或者把问题归咎于他无法掌控的一些因素上(一种自然反应)。**这种情况下,要把重点放在上司的情绪、感觉和反应上。**你可以问:"你对此感觉如何?"这是个相当不错的问题,可以给谈话留有余地(老板也是人)。这时候,你可能会有意想不到的收获,那么就沿着这条路继续下去。你已经跨越了障碍,成为了他的知己或好友,你提供意见反馈的机会近在咫尺。

作为下属能做到这个地步非常不错,如果你适应这种局面,不妨让上司为缓解工作压力哭一会儿。你的上司不会当着别人的面这么做,因此如果你能达到这种信任度,你们将会建立起相互信赖的真正伙伴关系。在我的职业生涯中,我常常努力与我的上司建立这样一种关系。我想让他们知道我关心他们,希望他们一切顺利,并愿意倾听他们讲述自己所面临的挑战。我会习惯性地询问他们在公司的处境:"事情进展如何?""你在担心什么?""目前谁支持你?""你与同辈之间的关系如何?"我真心地希望能够帮助他,或者给他一些建议和想法,或者只是洗耳恭听几分钟。一般说来,我提出自己的看法后,他们常常发觉从另外的角度看问题非常可贵。我可以非常公正地说,我曾经拥有的最棒的上下级关系都是通过"向上反馈"的方式达成的,这对我们双方都有益处。

你注意到什么?

如果你的老板向你敞开心扉,把问题摆在了桌面上,那么就轮到你拿出自己的事实和观点来认真与之探讨了。这正是你观察他的态度和行为的好机会。**你需要以坦率、成熟和专业的态度从自己的经历和观察结果说起。**不要说:"我已经听说了"或者"有人已经告诉我了",传闻根本不是积极或可靠的。你需要阐述自己的观察结果,然后提供一手的反馈意见。你可以说:"我最近注意到你为比尔的事很烦恼"(举个例子),或者"我知道你认为上周的那个业务汇报准备得不充分",或者"在我看来,财务部门在这个问题上忽视了你——你怎么想?"说出你所观察到和感受到的东西,如果你表达得客观而有积极意义,你的老板会产生兴趣并愿意继续倾听。如果你隐瞒不说(或者更糟,与同辈在底下议论),那么对整个事情没有任何帮助。你作为领导者的责任就是走上前去,采取直接的办法帮助你的上司重上轨道。

> 我曾经拥有的最棒的上下级关系都是通过 "向上反馈"的方式达成的,这对我们双方都有益处。

真诚地关心老板的处境,提出完整而有建设性的意见,然后运用你的指导技巧帮他解决一些问题。可以问他:"你考虑如何解

决？"或者"关于这事,你认为怎么处理比尔才是最好的选择？"或者
"你下一步准备采取什么措施？"目的就是与他进行头脑风暴式的
讨论,让事情能有所转机。显然,如果你有解决问题的想法或主意,
是他最需要的。但是可以先采取培训模式,进行发问。做一个好的
倾听者,引导你的上司对情况作出客观评估。

给上司反馈意见并不是你的主要工作,但有时非常必要。如果
你有幸在一家非常重视反馈的公司工作, 这种做法会受到上司的
欢迎。如果这不是你们公司的惯例,就需要寻找一些时机提出自己
的观察意见。反馈的确是一件礼物,尤其在某人举棋不定的时候。
当你抱定了"这不是为了我"的态度时,就会鼓足勇气上前一步去
给予帮助。这似乎是一种奇怪的方式,但告诉老板你的想法可能是
对他最大的帮助。毕竟,领导艺术是用来帮助别人的——有时甚至
包括你的上司。

给上司提供反馈意见

1. 与上司建立牢固而互信的关系。

2. 如果你的上司明显需要支持,问问他是否需要帮助,然后提
   供你的一手观察结果和反馈意见。不要对"你听说的情况"
   作出任何评判。

3. 锻炼你的培训技巧——帮助上司寻找解决办法。

第 *44* 节

把触角延伸到扩展团队

——与下属的下属共处

有时磨炼领导能力的最好办法就是去关注他人，与他人相处是拓展视野和发现机遇的途径。你学到了自己不懂的东西，学会了从他人的角度感受事物，而且可以为创新开辟可能性。下面这句话说出了这种做法的逻辑："如果你永远不走出办公室，怎么能知道外面发生了什么？"顺便问一句，你正在走出自己的办公室，对吗？

"走出去"的一个最好办法就是与你的扩展团队举行定期的"越级"会议。直接下属得到了你的许多关注，但是他们的下属情况如何呢？你花了多少时间与他们相处呢？有多少时间是你们一对一的见面，而没有他们的上司在场呢？与你的扩展团队接触是让他们体验你的领导风格的最佳方式。他们可以有机会问你一些未经过滤的问题，讲述他们的想法和计划，了解一些你这个层面上的工作信息。你也同样会知道——员工面临的问题，他们对公司的看法等等。事实上,你会惊诧于自己居然能够了解到那么多东西。下面有四种途径,告诉你如何与扩展团队成员接触,为什么这对团队非常重要,他们如何促进你的个人成长。

获得一个独特的视角

跳过你的直接下属的第一个办法就是与他的团队成员进行单独谈话。他们都是团队中重要的员工,从事大量实际工作并努力完成目标。每年至少安排两次与每个队员单独会面或午餐的机会。可以通过 4 个问题来了解他们的情况:

1. 最近的状态如何?

2. 我们哪些地方可以做得更好?

3. 我能为你的工作提供哪些方便?

4. 你对自己的个人发展做了哪些努力,我如何帮助你?

前两个问题传递的信息是,你愿意倾听,并准备让员工从他们的视角来谈论公司或部门的优势或缺陷。这些问题的目的是征求他们独特的看法,并且表明你是真心想了解他们具体的工作经历。一开始用肯定性的问句非常重要,不允许他们回避问题,带头去"寻找积极因素"与倾听建设性反馈意见同等重要。后两个问题表明你愿意在他们的成长和发展过程中,帮助他们更富有创造力。认真倾听他们对每一个问题的回答,记下笔记。

如果你花些时间让他们感到和你相处很舒服(要明白他们可能会有点儿紧张),你将有可能获得一些新的洞见,它们原本有可能在向上报告的过程中被过滤掉了。解释清楚你召集这些会议的原因是希望加深了解，获取信息并回答他们的问题，这样做可以缓解他们的压力。一定要记住自己在谈话中做出的承诺，在一些细节问题上与你的直接下属（他们的老板）联系，提醒他们关注或解决某些问题。

通过这次体验你可以获得什么？收获不少，但它主要是一次锻炼你的指导或培训技能的机会。练习发问和积极聆听（参见第 49 节），利用这个机会拓展你的业务知识。这个绝佳的机会帮助你了解公司是如何运转的。尤其是讨论到他们的发展计划时，你可以转换成培训模式来帮助他们拟定计划和承诺，以便向这个方向努力。他们与你相处会有什么益处呢？首先，他们可以更加了解你，这一点有助于他们恪守自己对你和团队的承诺。第二，他们有机会与更高层领导者对话，可以展示他们的思想和创意。最后，他们通过你的视角对公司有了新的认识，会感到与公司的联系更加紧密。这的确是件双赢的举动。

与你的扩展团队接触是让他们体验你的领导风格的最佳方式。

完全为了你的下属

第二个与扩展团队接触的机会就是与几位成员召开"洞察会议"。这些会议从根本而言是围绕某个特定目标召开的焦点小组会议。争取每个季度召开一次,会议持续大约 90 分钟(1 小时感觉有些仓促),应该设置一个主题或问题以供探讨。过去,我曾与手下一些较大的团队做过这个练习。春天,我会召集一些团队成员倾听他们关于部门年度战略的意见;秋天,我会设计一个练习,就员工投入度方面进行考察,发现进展顺利和需要改进的地方。尽量选取几个相对集中的主题, 便于团队成员给出深刻的反馈意见。不要只是问:"事情进展如何?"设定一个议事日程,让它成为有意义的谈话。同时你可以在倾听技巧和收集意见方面获得提高。召开这些会议可以让你更加熟悉团队成员,但主要目的在于了解和感受他人对公司、战略及你的领导水平的评价。通过扩展团队的发言,可以发现一些对公司非常重要的议题或问题。而且,双方都可以轻松获得一些新视角,都能感觉到自己正投身于一件有意义的事情当中。

第三,你可以在一年当中召集所有团队成员开"全员"大会。依照实际情况做出调整,你可以通过几次这样的会议来通报信息、协调关系或强调重点。会议安排 60—90 分钟,留下充足的问答时间。你的目标是要阐明目标、任务和战略并且引导变化。从这个会议中你会得到什么?当然收获很多。首先,你创造了提高公共演讲技巧的机会,在大型会议中具备更从容的领导气质。其次,你练习了如何安排一个重要的会议日程。另外,你锻炼了领导风范,注意到身为领导者的一些细节内容。在这些场合中,你的话语和肢体语言传递出清晰而含蓄的自信。队员从会议中带走的当然是对公司的良好感觉。鼓励他们多提问题,这样他们就能明确你想表达的主要信息。

最后,你要经常性地把参加领导团队会议的人员拓展到另一个层面。我过去与直接下属每周开一次会,但每一个月,我在与会人员中增加 5 个他们的下属,这样我们就能让更多的员工了解决策过程,而且也可以直接征求他们的意见和看法。尽管把所有的下一层次员工都增加到这个会议中不太现实,但通过每个月轮流邀请不同员工的方式,就可以保证下一层次的每位员工一年有两次机会能参加到我们的会议当中。这个办法可以有效地让你的团队会议内容"去神秘化",而且可以让整个部门都围绕统一的目标、程序和决定开展工作。

在你努力提升领导力的同时,多花些时间在你的扩展团队身上。把它当成你日常工作和领导作风的一部分,付出你的时间和精力。扩展团队的成员也希望与你多接触,他们慢慢了解你,亲自体验你的领导风格,这一点非常重要。就个人发展而言,你将建立更多的关系,接触到一手信息,获得宝贵的机会去影响员工、下放权力。这是提高领导力的好办法啊!

与扩展团队共处

1. "走出去",与扩展团队的成员共同度过一段黄金时间——"跳过"你的直接下属,走入下一层次当中。

2. 对这个策略要有前瞻性和计划性——把这些会议当做常规日程的一部分,并予以优先考虑。

3. 实施你的领导力发展计划,练习你的倾听、发言和培训技能。

第 *45* 节

你最宝贵的资源

——给时间设定优先次序

这里有一个严肃的问题：作为领导者你知道该如何安排你的时间吗？与我共事的许多领导者都无法准确地回答这个问题，他们说不清楚每周长达 50 个小时的工作时间是如何支配的。典型的回答一般是："我在会议上要花很多时间"，"我一周都在忙着救火"或者"我不知道，我总是被打断"。没错，但开的什么会？为什么开？起火的原因在哪里？采取什么措施能降低起火的频率？你为何总被打断？如果你希望有所突破并继续发展，需要现在就面对这个问题，因为你依然有时间来培养好的工作习惯。

你是否意识到时间是你最珍贵的物品？我来重申这一点。你最有价值的资源就是时间——具体而言，就是你的时间以及你利用时间的方式。**有一个简单的事实：若想成为有效的领导者，你必须有效率地安排时间**。想想我们的最高领导人：美国总统。总统的一天是受到精心规划的，细致到每一分钟。如果不这样安排，他的工作将会乱作一团且毫无成果,连现在的一半成就也无法达到。有效的时间管理对领导者的表现是至关重要的。你需要了解每小时(和每分钟)都干了什么,如果它们产生了成效,你也会增强信心。

优先考虑重点区域

你必须要意识到的第一件事是你无法掌控时间,这是非常具有讽刺意义的。事实上,每天有 24 小时是恒定不变的。因此没有什么你需要去管理的时间,而是要管理你自己,管理你利用时间的方式。首先了解一下你的时间去哪里了,这就意味着你需要去跟踪它。"时间管理"的研究和教学并不是新内容,它是一笔大生意,因此从不缺乏这方面的文章和研讨,来告诉大家台历、任务清单的使用方法和制定目标的步骤。工具虽然有用,但首先要确定优先次序。

这里有一个简单的操作程序。在你的日志上,写下三件你优先考虑的事情。它们是你现在心目中非常重要的三个区域。因为优先权在不断变化,你就需要经常做这个练习。可以把这个星期或这个月当成一个周期,看看时间的重心应该放在哪里。比如本周或本月,优先考虑的事情之一是完成对直接下属的业绩评估,或许预算还需要最后确定,或许还有新产品的初次亮相、商务出差、董事会议、合并。你就会明白:优先考虑的事情是需要你全力以赴的大事。

作为领导者,你的手中有许多旋转的盘碟,很容易分心。因此不要确定三个以上的优先权——这个练习的部分功能也是要你专注于重点事务。保证你能解决主要问题的唯一方法就是明确最大、最重要的影响区域。**现在，写下你是如何度过一天 24 小时的，以便追踪自己到底有多少时间用于这三项主要事情。**整整两周的时间，你都要记录下自己每天是怎样度过的，看看你的时间和目标是否相符，这是练习最艰难、也最关键的部分。每天不过花上几分钟的时间，但出于某种原因，许多领导者都无法遵守纪律，保证这两周有一个完整的记录——他们同样无法提高自己的时间管理水平。如果这对你很重要，请坚持下去，合理使用时间的第一步就是弄明白时间被浪费在哪里了。

> 你最有价值的资源就是时间——具体而言，就是你的时间以及你利用时间的方式。

两周后，你应该清晰地了解自己的时间都花在哪里了。如果你把超过 75% 的时间都用在这三个重要事件上，那很好。在任何一周或任何一个月，你都应该把自己四分之三的时间放在首要的任务或行动上。

然而，如果你像许多领导者一样，没有达到这个投入水平，那么评估结果就是你正在浪费最宝贵的资源。现在问题出现了，你该怎么办呢？你如何能排除那些浪费时间的事情，把时间最大化地利用于你的优先之选呢？没有什么简单的答案，但我在下面给出了三个有用的策略。

第一，你需要更有效的授权(参见第 14 节)。仔细翻看笔记，你在过去两周内做的事情中，有哪些事是其他人也可以高效完成的？放弃这些事，把时间放在非你不可的事情上。

第二，你可能需要更频繁地说"不"。推掉那个你根本无需参加的会议。当你的上司要求一份长达 10 页的报告时，问问是否可以只准备一份一页长的摘要。像保卫你最宝贵的资源一样保卫你的时间。区分开重要的事和紧急的事——有些领导者错误地把大量时间用在急事而非要事之上。管住自己想去救火的冲动，专注于你那三项最重要的事情。

最后，你大概需要更严格地管理你的边缘时间(第一小时或最后一小时)。你是否利用了这些时间？这些能创造价值的潜在时间可能被浪费了，这源于你在一天开始或结束时的个人习惯。特别关注一下这些时间，做一些必要的改变可以更有效地利用它们。例如，如果你优先考虑的事情之一是员工投入度，那么就不该用第一个小时来看报纸、喝咖啡，而应该走出去与员工交流。

这就令我想到了设立优先权与合理安排时间的秘诀——你需要把自己的用意告诉自己和你的团队，更重要的是，告诉你的老板，因为你在这里是受到控制的(或需要受到控制的)。如果你无法确认或表明自己每周或每月的大事件，凭什么会得到他人的尊重呢？如果你在危机当中疲于奔命，或把时间浪费在你无需参加的会议上，那么你在优先管理、设立重心和明确目标方面都不能成为楷模。了解自己需要做的事情，了解自己作为领导者应该出现的位置,把它弄清楚(设置优先权)然后就去做(执行),你就会感到自己做事有条理、精力旺盛并且效率很高。但是还要提醒一句,人们一定会注意到你的变化。那就意味着你也许需要花一些时间教会他人如何变得更有效率。

给时间设定优先次序

1. 为即将到来的一周或一个月设定三件优先完成的事情,然后投入 75％的时间在这些重点区域。
2. 从追踪你今天的时间安排开始,通过授权或拒绝一些不必要的请求来做出调整。
3. 对自己设定的优先事件要严格执行。如果你没有把时间投入其中,谁又会投入呢? 你在做其他什么事情呢?

第 *46* 节

走近指挥台
——在公司内教授一门课程

显然，你已经对所选择的职业有了深入的理解，在职业生涯中也经历了不少，它们会增加你的信息量和智慧。作为一个全身心投入的专业人士，你可能会有许多经验和见解与大家分享。如果你只是培训直接下属或指导其他同事，那么知识和经验一次只能传授给一个人。当谈到分享经历时，你要有一个更重要的任务——你需要在公司里成为"像教师一样的领导者"。

如果你在一家大公司工作，这可能要比你想象的容易实现，大部分企业大学都欢迎领导者加入"教师行列"并教授几门课程。只要与你的学习发展顾问联系并申请加入就行了，他们会帮助你设定课程内容，提供关于教学风格的建议，并安排课程。他们甚至会为你做推广，以便人们能够知道你的培训课程开设在何时何地。一旦你加入教师队伍，就有可能遇到其他一些已经在开辟道路、走向指挥台的领导者。

然而,并非每个人都在大公司工作,有这些资源可以利用。如果你们公司没有正规的学习中心，这个过程就会需要一点毅力和创意。一旦你的课程设计好了,就寻找一些上课的机会,可以给有些部门当做特别活动来讲授,可以呈现给那些筹备外出会议的领导者,无论你是否能够得到软硬件的支持。接下来我会告诉你如何在公司里成为一个像教师一样的领导者，如何开始把这些珍贵的课程呈现在广大员工面前。

教授一门课程对领导者本身而言是非常有意义的事情,还能体现出你对公司的一种回馈,把你的时间、知识和经验拿出来与大家分享。

归纳你可传授的心得

当你创建授课平台的时候,有下列 5 个基本问题需要回答。

1. 你擅长什么? 你需要弄清楚你知道的哪些东西可以让他人从中受益,换句话说,你在哪个领域是专家? 如果你不是一个电气工程师，你大概不应该给公司内的工程师教授这方面的课程。同样,如果你并不擅长沟通,就不要去尝试有效沟通这个主题。选择一个你热衷、通晓并享有声望的专题来讲授才可以保证你的可信度(否则,你将会面对一个空荡荡的教室来授课,对吗?)。

2. 你的可传授的观点是什么? 我在这里使用诺尔·蒂奇[17]称为

"可传授的观点"的概念。这就意味着你需要找到自己的声音:关于这个主题你想讲什么?你如何表达?你是否使用某些模式或框架?你是否会赞成这个理论而不是另外一个?你所持的观点是有争议的吗?换句话说,你有兴趣与大家分享什么?你的可传授的观点可能需要公司的审核。如果公司在力推某种程序,而你的观点恰恰与之相反,那显然不可能被广泛接受。这是非常关键的步骤,因此花时间去确认一下你的观点是有意义的、有关联的、与公司一致的。

3. 你将如何分享你的知识? 你一定为授课内容创建了一个学习大纲。该如何讲授你的专业知识呢?采取讲座的形式还是小组讨论的形式更好呢?是需要从实践中学习还是采取被动学习方式,让参与者坐在教室中通过讲座来学习?你是否需要参与者完成一些前期工作或前期阅读?用干脆直接的传授方式,还是要让课程互动起来?——无论你多么有魅力,没有人愿意整整听你两个小时的讲座。一个好的经验法则就是遵循内容、实践和运用的次序:1)呈现理论、研究成果或最佳案例(内容);2)设计练习,让学生可以学以致用(实践);3)讨论能够把这些技巧运用到工作中的可行办法(运用)。在学习大纲中涵盖课程或项目时间的长短:这是一个 2 小时、4 小时还是 8 小时的课程?这是一个单一课程,还是你有充足的内容可以采取多模块处理的办法?要明白什么方式最适合教授你的观点,课程的理想时间设置,以及如何给参与者带来不同寻常的学习体验。要勇于向教学专家寻求帮助,授课是一门艺术,你应该为达到最佳效果而不断努力。

4. 谁是目标受众? 谁将参加你的课程?谁会从这些信息当中受

益？你有专业知识可以分享的确是件好事，但是任何人都真的想要（或需要）去听吗？它对于业务操作而言是必要的知识、技能还是仅仅限于"知道了也不错"的信息呢？除了考虑谁会坐在教室里这个问题外，还要决定每次给多少人授课最为理想。给一个小组（10—25人）授课效果好？还是适合传递给更大的群体（50—75人）？

5. 你的承诺是什么？好好考虑一下你对授课的长期规划。如果打算招收200名管理者进入你的项目（一次20人），那么你需要举办10次。你是否有足够的精力完成？在我的职业生涯中，曾经有机会开办或管理过好几所企业大学，我也目睹了有些领导者怀着美好的期待而来，但授课一两次后就离开了。当事务繁忙或感到厌倦时，他们就会放弃这件事，背弃了原来的承诺。不用说，如此举动既对你的名誉没有好处，又伤害了那些准备来上课的人。提前考虑好你能来授课的次数，然后遵守自己的承诺。

教授一门课程对领导者本身而言是非常有意义的事情，还能体现出你对公司的一种回馈，把你的时间、知识和经验拿出来与大家分享。无论利用大型的培训设施还是自己规划的新领域，你都会享受教师这个角色。我常常感到，把经验分享给听众是一件有价值的事情。我感到自己为公司做出了巨大贡献——我帮助好多人明白了如何提高自己的领导力水平。我想你也会有同样的体验。首先，它会打磨你的知识和技能，因为要教会别人，你得真正了解内容。但是绝不仅限于此。你可以想想自己能够对这个位置上的多少人产生影响啊。寻找你热衷并有能力教授的课程，然后走到教室前面，拿起粉笔，开始把你的所知讲给听众吧。

在公司内教授一门课程

1. 想想你擅长什么——你教授哪些内容有无可争辩的公信力?

2. 设计课程的时候把参与者放在心上——什么样的体验最有

   价值、最令人愉悦?

3. 作出承诺。在你设计课程之前,要客观地评估自己的能力以

   及坚持下去的意愿。

第 *47* 节

自言自语

——每天问自己三个问题

现在，你已经明白提高领导力不是为了自己，这是个基本前提。当你逐一审视领导力所涵盖的内容，就会发现它是为了其他人——整个过程都是如此。你所领导的不是电脑、桌子、办公楼、合同、原材料或其他无生命的东西，你真正领导的就是其他人。每个人都愿意追随明白这个道理的领导者，这些领导者在年终考核中会得到最高的赞誉，他们在工作中失误率最低，取得的效果最为理想。因为他们"明白这个道理"，懂得领导力是与他人息息相关的。

你在努力成为这样的领导者，这就是你提升领导力的原因所在，也是你愿意学习新技能、尝试新技巧的原因所在——因为你"明白这个道理"。你意识到自己有能力不断提升，你永远不能墨守成规，只有勇于尝试才会达到更理想的结果

提升领导能力的三个问题

还有一个简单的技巧可以提醒你并不是为了自己而去提高领导水平。每天，与你自己进行一场有关领导效果的对话。没错，每天，说说作为领导者你取得了哪些进步。当你擅长此事后，就不必经常做了，但我建议你在最初阶段每天都要遵守这个程序。

目前，我并不建议你自言自语时声音太大，那样会陷入各种麻烦当中，尤其当你回答自己的提问时（如果你必须跟自己进行一场言语对话，一定别让人力资源部门的员工听到）。因此最好选择沉默的对话，在头脑中进行的对话。下面是我所推荐的方式：每天晚上，在你回家的路上，问自己三个问题：

1. 今天我所展现出的领导形象如何？

2. 今天我进行了哪些沟通？

3. 我今天对谁有所帮助？

第一个问题范围很广，让我们来挖掘一下。无论你工作的公司是大还是小，无论你能整天见到员工还是实施远程遥控，你都可以为你的团队做些工作。让我重复一下：每天，你应该表现出一个领导者的样子，为你的团队奉献力量。你所能做的事情之一是为他们的工作争取到资源或许可，另外一项是消除障碍。一个杰出的领导者应该帮助团队扫清道路，以使团队能够完成任务。你可以把他们介绍给公司其他部门的相关人员，给他们推荐供应商或者提供所需的信息和资料；或许你向他们提出挑战，要求创新，要求更高的质量；或许你把他们介绍给高层管理者，给他们写下鼓励或感谢的话语，让他们保持工作与生活的平衡；或者只是为员工答疑解惑。关键在于你每天都要服务于你的团队。这就是你的目的，对吗？所以，当你离开办公室之前或下班之后，在脑海中形成一个答案，或者把它们写在日志上。无论采用哪种方式，你应该能够迅速想到今天你为团队所做的事情——或许使他们的任务更容易完成，或许使他们更富有创造力。

第二，因为沟通是领导艺术重要的组成部分，于是问问自己："今天我进行了哪些沟通？"坦率地说，如果你与许多领导一样，那么你所做的沟通很可能不够。其实你每天都有机会与团队沟通，即便只是一些个人层面上的接触。除去正常的互动外，你今天是否提供了任何新信息？你是否与他们谈到公司的现状来增强他们的归属感或参与感呢？你是否阐释一下战略，解释一下最近的公司活动或传达来自高级管理层的信息？你如何把他们与公司当前的任务相联系？你是如何进行通报、教育和解释的？顺便说一句，这可能不是天天都会发生的事情，有时候根本没有什么"新消息"。但是你应该明白沟通了什么、以何种方式沟通、为什么而沟通，这样你就会了解自己是否经常沟通，沟通能否产生理想效果。

我还记得几年前自己对这个过程的尝试。团队成员们处于不同的地方，我不能每天与他们见面。记下自己每天沟通过的内容后，我惊诧地发现自己竟然好几天都没有与队员分享任何东西了。结果，我就把回答一个简单的问题——"今天我沟通了什么？"当成一条纪律。此刻，你可能会想："他们都是成年人，你已经给他们指明了正确方向,不需要天天跟他们去说吧。"或许如此,但当我在沟通方面做出努力的时候,他们的确很感激我为他们增加了信息量。相信我,与你的团队沟通再多也不为过。

最后,问问你自己:"我今天对谁有所帮助?"从很多方面来说,培养人才是你的第一要务,而且是你应该坚持的工作。今天你对谁进行培训或指导了?你是否给某人提供了可以在高管面前表现的机会?你给某人布置了一个新任务或有弹性的工作?你送给某人一本要读的书或文章了吗?你是否约见某人来评估一下项目或激发他的新思路?你是否对某人的看法提出质疑,激发他产生更适合的理念?关键在于如果你把发展当做每天必做的功课,就很有可能坚持下去。这就是练习的意义所在,当你花心思在上面的时候,就会整日琢磨一切有可能发生的事情。

每天,与你自己进行一场有关领导效果的对话。

每个工作日结束之际,试着问自己这三个问题,坚持做一个月。注意一下可能出现的倾向,寻找一些需要提高的地方。你是否实践了仆人式领导?你是否经常地沟通有用信息?你是否一直在培养团队成员?用这些指标做参考来追踪你的进步,评估你的行为,努力让自己的领导更加有效。领导力关乎整个团队,确保你的团队每天都从你这里学到东西。

每天问自己三个问题

1. 领导力与团队成员密切相关——不是为了自己，而是为了他们。

2. 跟踪自己的行为——你是否每天都为你的团队成员做些事情，与他们交流信息，培养你的下属？

3. 评估你的日常习惯——团队成员对你的领导水平有何感受？你是否全力以赴帮助团队成员表现得更加出色？

第 *48* 节

加入志愿者大军

——奉献你的领导技能

　　"同村协力"这个词可能使用过度了,但它的潜在意义却与你的全部领导贡献相关联。是的,实际上你可能并不住在村里,但你所属的公司肯定可以被描述成一个社区。毕竟,你的确与同一些人"生活"在同样的环境和文化当中,去追求共同的目标,不是吗?这就是工作的本质——生活在同一社区内的一群人围绕共同的目标而结成一个整体。这个社区的理念有着重大意义,当你换工作的时候就会表现得很突出。进入一个新公司工作所面临的最大挑战是什么?不是新角色及相应的任务,因为你知道如何完成基本工作,**而是你必须要学习的新公司文化,要结识的新同事和特定规范。**简言之,你遇到的最大障碍是去学习如何在这个新"村"生活。

　　这种社区的感觉在许多公司内的确存在。如果你对于曾工作过的一家公司非常关注,就会体验到那种强烈的归属感,而不仅仅把它当做一个工作的地方。希望这种社区理念可以捕捉你的好奇心,激发你问自己几个问题,例如:"我该如何为社区做出贡献?"以及"为了公司的利益,我该如何发挥自己的领导技能?"

随着你在公司的位置不断攀升,你的领导水平就需要突破原有团队管理的范围。没错,你需要在公司领导更大的团队,而不仅仅是你的那一小部分。你应该突破自己,担当起超越本部门的更重要的领导角色。在晋升的同时,你需要做一些工作有助于明确和形成公司的文化。于是你成为一个社区领导者而不再是一个"家庭"领导者。你了解这个局面吧,坚持"为了他们而不是为了自己"的观念,你现在需要去领导更多的人。换句话说,你需要把自己(和自己的领导技能)更多地奉献给这个事业。

寻找参与的方式

尝试一下这个练习:在一张纸上写下过去 12 个月中你的领导能量所涉及的最大范围。你展现出的领导力延伸出你的团队或部门了吗?你如何做出超越本职工作的贡献?以我的经验,一般的管理者或领导者一年中不会有超过三个项目、企划或活动来展现他的领导技巧。原因当然很多:你一年都忙于工作;你认为自己在公司内职位太低而不去承担跨部门的工作;或者你的部门目前不受公司重视,没有被邀请参加。但看看下面罗列的机会,你认为自己在下列情况下会有所作为吗?把领导技能运用到公司更广的范围中,你会有何收获呢?

1. 带领一个跨部门行动小组。

2. 做某个志愿者委员会的主席。

3. 做公司大学的董事会成员。

4. 领导其他部门的顾问委员会。

5. 管理一个大型公司项目。

6. 在某个特殊项目中担任领导角色。

7. 在某个督导委员会工作(比如福利、改组、基础建设等等)。

领导技能可以运用于公司的许多方面,这对你和公司都有益处。公司中各种各样的特别任务小组、委员会、理事会及其他特别项目都非常渴望有效的领导。你会惊诧于有如此多的机会可以对公司的管理和调配有所帮助,你只需张大眼睛去寻找潜在的机会。然后,你必须愿意去承担更重的任务,"把自己奉献出来",做一个有潜力的后备领袖。组织并不能自行运转,通常跨部门的工作组要参与进来,构建基本的工作程序和法则——你可以参与其中,尽自己的一份力量。因为你是一名领导者,要努力比一般团队成员发挥更大的作用。你可以通过志愿领导发挥能力,获得的额外收获就是可以建立新的人际关系,增加在高层领导面前的曝光率,并有机会评价公司内部的运转流程。是的,你要付出额外的工作,但十有八九,你得到的会比投入的多。

开始去寻找一些你感兴趣的事情,但可能该项目已经有了志愿领导者。你去找自己的上司及项目的主办方,申请加入。选择能够发挥你的领导技巧的工作组。如果你已经习惯于一种命令和控制的氛围,那么走出你的舒适圈,委员会的体验将是一个很好的转换(在这里通常不能发号施令,你需要施加自己的影响力)。在你攀升至领导者的位置之前，你可能必须要做一年的委员会成员，但没有关系——这也是一种学习体验。请求人力资源代表帮助你物色一个特殊项目或活动的领导岗位，你主动要求去担任这个角色。

你可以通过志愿领导发挥能力，获得的额外收获就是可以建立新的人际关系，增加在高层领导面前的曝光率，并有机会评价公司内部的运转流程。

最后，考虑建立一个委员会、行动小组或工作组，着眼于公司需要处理的某个问题。问问你自己："当前公司面临的最大挑战是什么？"这一定是最有价值的领导力挑战了，在这个层面上做出贡献一定会受到极大欢迎。你们公司围绕志愿服务有协调工作吗？系统地审视一下成本控制或整合机遇怎么样？你们公司开始可持续项目了吗？这里有许多机会让你从零开始。做出改变并不是坏事，对吧？

把"不是为了自己"的观念提升到一个更高的层次——志愿担任一个本职之外的领导职位。把你的领导技巧用于一个需要新思路的、有意义的事情上，这也是你对公司的一种回馈。成为一个密切参与公司事务的领导者，成为一个大家眼中真正践行仆人式领导的领导者。寻找一个贡献领导才华的途径，你会发现为公司服务的感觉真好。

奉献你的领导技能

1. 你有许多可以奉献的东西——志愿带领工作组、特别行动组或某个委员会，这样你的领导技能可以在公司内部得到广泛传播。

2. 找一些锻炼和挑战自己的任务，利用这个好机会来加强你的"没有经过授权的影响力"。

3. 做一个投入于公司文化规范建设的知名领导者。

第 *49* 节

最好的建议

——做一个更好的听众

　　既然你已经读到此处了,应该对发展领导力技巧、提升领导力水平有了一些自己的想法,这非常好。但在召开员工会议或与下属进行单独交流的时候,有个事情会令你很厌烦。你已经擅长于做自我评估了,于是你明白有一个重要技能还需要加强。这个技能就是倾听。很多领导者都不是好听众,而倾听恰恰是最重要的技能之一。如果你认为自己其他方面都做得不错,那就努力成为一个更出色的听众吧。

　　倾听可以追溯到人类产生语言的阶段,但奇怪的是,我们迄今为止依然在这方面并不擅长。它有多困难吗? 别人说,你听着;你说,别人听着。如此简单的事情——但这正是问题所在。倾听是如此自然的事情以至于多数领导者都认为没有提高的必要,倾听也不能被放入发展技巧的行列当中。事实上,如果你问 100 位领导者他们是否属于“优于一般的”听众,大概 95% 的人都会回答“是”。为阐明这个问题,几年前有个研究表明,人们认为他们留给别人的语音信息比他们接收到的更重要。总体来说,我们习惯于相信自己发出的信息比接收的更有用处,也更紧急。

如何有效地沟通

你或许已经明白积极倾听的常用技巧:坐在椅子上身体向前倾,保持眼神交流,点头,意译听到的内容,问问题,在反应过来之前叫停等等。继续使用这些技巧,它们可以发挥作用,帮助你成为一个好听众。但是,关键问题不在于你是否呈现出这些积极聆听的行为——能够根据听到的内容做出反应、理解和执行才是衡量一个优秀听者的标准。当员工与你交流的时候,他们往往心里都有一个目的。或许是:1)从你这里获得什么,2)希望传达知识或事实,3)希望表达感觉和想法。当他们决定如何表达时,往往会选择在他们看来最有效的方式(无论是用语言还是非语言)。你的工作就是解释信息的意义和目的。这里有一个非常重要的关联:**有效倾听意味着你接收和阐释的信息与员工想要表达的内容相同。**那么你该如何增加有效倾听的效率呢?

首先,对说话的人做一些预备思考。为了更有效地倾听,你必须对说话的人有兴趣并予以尊重。员工的想法、感受和需求中,一定有值得倾听的内容。换句话说,你必须为自己的倾听找到正当的理由。一般情况下,我们会对不喜欢的人或认为不重要的人置之不理。我记得,一位高层主管在会议中不听我的发言,就是因为他认为没有必要听我说话,他有一种先入为主的态度,认定我说不出什么值得他纳入思考的内容。我即便告诉他一些惊人的消息,我怀疑他都不会有什么反应,他根本不听的原因是他认为自己什么也得不到。

试一下这个办法:在你准备进行一对一谈话或开始一周员工例会之前,提醒自己为何需要听每个人的发言。他们的背景是什么?他们来自哪里?过去他们提供的信息有什么价值?如果你实在想不出需要倾听的理由,那么设想你可能会从中获得新信息(然后从这个角度倾听)。有效的倾听开始于倾听的意愿。事先考虑一下他们有可能传递的信息,他们的一贯风格,你对这种风格的典型反应等等。调整好心态,对过去的行为做出反思,准备做更有效的倾听,那么你就一定能够做到。

关键问题不在于你是否呈现出这些积极聆听的行为——能够根据听到的内容做出反应、理解和执行才是衡量一个优秀听者的标准。

第二,因为人们的沟通方式非常不同,你需要理解团队成员的表达方式,你需要提前做好功课,了解他们提出诉求的方式,以及他们互动的常见理由。与某个员工见面,什么东西对那个人特别重要?**人们常常会沟通三方面的信息:事实、观点和感受。**显然,这三者都会在一个句子中表达出来——你面临的挑战就是理解信息和

梳理要点。这非常关键。无法确认重点就会导致无效倾听。你可能听到了这些话,但你错过了他们希望表达的意义。这就会导致员工有"交叉线"的感受,得出"他根本没听我说"的结论。不断提醒自己注意上述三种信息,密切关注员工真正想要表达的内容,你就能确保自己更好地达到他们的期望。例如,一个员工告诉你,他对于一次和同事的互动感到难过,那么你的重点应该超越事实本身,而认可他的感受。首先确认目的,然后再理解信息的重要部分。

一旦你理解了员工表达的重要内容,就需要对其施加影响。恰当的反应是有效倾听的组成部分,它向员工表明,你正确地听懂了他们的意思。**说出你的感受非常重要,可以把谈话带向问题的核心,便于达成共识,找到解决办法。**另外,试试这个办法:某人转述一个观点时,听上去夹杂了很多情绪,那么只处理情感部分即可。密切关注重点,你就可以把谈话预先引到需要的方向。作为领导者,不要表现得太被动,也不要只依靠积极聆听,一旦你明确了信息的重点,就要集中精力应对它。开诚布公地说出来,然后直接解决问题。把积极聆听中的"积极"方面转移到寻求解决办法或更深层谈话当中。例如,当一个员工与同事发生了不愉快,确认事实很重要,但也要处理他的情绪,帮助这个员工明白:消极情绪会阻碍事情的积极解决。

你凭借直觉就能够明白听人说话和真正抓住信息之间的巨大差别。你并非不知道自己需要集中注意力去听什么,问题是你一般不这样去做。你知道该怎么办吗?提高倾听技巧是一个困难的任务,需要全神贯注地坚持下去。做这个练习:提前想想这个人和他的沟通方式,这是倾听前的准备工作。接下来,从某人的信息中理解重要内容。选择三类信息中的一类,记在脑子里。然后,对听到的内容做出反应,利用你的领导本能去解决问题,作为谈话的结束。成为一个优秀的倾听者是提高领导力品牌的有效方式之一。这的确是值得倾听的建议!

做一个更好的听众

1. 摆正态度——进行每次个人接触时,都要保持开放的心态,抱着你要倾听并学习的态度。

2. 寻找信息的真正目的。辨认出信息的要点,从这个角度来"倾听"对话。

3. 利用听到的内容去解决问题。除了话语之外,把注意力放在隐含信息上,然后把谈话引向那个方向。

第 *50* 节

欢迎改革派

——给你的继任者写一封信

对任何一位领导者而言，最兴奋的事情之一莫过于担当一个新角色了，无论是在现任公司还是一家新公司。把领导技能用于新环境、建立新的工作关系、面对不同挑战设立全新战略，这的确是振奋人心的事。谈到发展，每位管理者都将有机会接受一些新的挑战，事实上，这就是职业生涯——要应对形形色色的体验。

如果你有机会继续向前发展，那么离开现任岗位之前你需要做几件事。其中之一是向那些曾经帮助你取得成功的人表达感谢。有两种方式做这件事：第一，与那些对你的职业生涯起到影响的人进行单独接触。或者，用精致的信纸给他写一封信（当今已经失传的艺术）。写信这种优雅的方式能很好地反映出你的领导力品牌。你需要做的另一件事当然就是为继任者做准备。一定要简单地向他介绍团队的优势和缺点，以及目前的主要工作目标和挑战。

理想的情况是你已经培训了继任者，而不是把上述手段作为唯一的交接。但是在很多时候，接班人并不十分明确——有时即便有了人选，你也只有一两天的时间交接工作。这种情况下，你可以用一个历史非常悠久的办法把重要信息传递给下一位领导者。

给你的继任者写一封信

给继任者写信有着悠久的传统，历史上源于军事或政治领导权交接的情况。这个做法是要留下一个文件来概述你对形势的判断，可能还会为接下来的行动提供建议。如果用这种方式，新的领导者就不会在根本不了解团队动力、产品发展等情况下茫然进入工作岗位。无论你在何时离开一个领导岗位，都使用这个技巧给继任者留下一些可供借鉴的团队资料。我们在这里希望借用"给继任者的信"这个概念来提高你目前的领导水平。换句话说，如果你把这个技巧当做一个发展练习的话，就可以用它指导接下来几个月的领导日程。下面来介绍它如何发挥作用。

用给继任者写信的方式对自己的工作做个回顾和展望，可以用它来指导接下来几个月的领导日程。

如果岗位不动你能做些什么?

　　首先,慎重对待这个过程,把它想象成一个真实情境。假设你现在进入一个新的岗位, 只有一天的时间把工作交接给你的继任者。你感到自己没有足够的时间把所有的想法和观念都说出来,于是你决定写一封信来记录你最终的建议。在信的开始,以项目符号格式罗列你对团队优缺点的认识。篇幅尽量简短,把主要优势控制在 5—8 条,相关的缺点控制在 3—4 条。

　　在写完团队的优缺点之后,写下在未来 90 天内你所推荐要做的 10 件事情,可以把它命名为"如果我留在这个岗位上,准备做的 10 件事"。注意,这些行动并不一定会得到新领导的采纳,所以不要用传统的"走出去,约见你的团队成员"之类的建议。这个列表应该只是像它听起来的感觉:如果你要待在这个岗位上,接下来会采取的行动。当我离开美国在线的时候,我记得写过一封信给我的继任者琳达·西蒙,信中表达了我希望看到团队有些什么作为。这封信给人的感觉不错,我也很大胆——在信中阐述了自己以前都没有尝试过的一些想法,希望琳达有机会去完成。谈谈我离开后团队的发展方向也是非常有益的, 我知道她一定会在接下来的日子中把团队带到一个新的高度。

　　你的 10 件大事应该包括在接下来的 3 个月中需要处理的一些事情,尽量列举可以解决的事情。有挑战性的想法当然也不错,但确保自己的建议可以实施。把这些想法具体化,而且要大胆地说出来——因为这是为你自己规划蓝图的机会，这是一份新的领导日程。

　　尽管这是一个"虚拟练习"，但你可以利用它向着积极而真实的方向努力。假设你是即将到来的新领导，利用这个机会谋划一张新的行动蓝图。我建议你一年做一次类似的练习。我过去都在12月末进行这个练习，来展望新一年的工作。与电影《美妙人生》的主人公吉米·斯图尔特得到第二次机会相同，你也给自己一个第二次领导团队的机会。你会如何利用这个机会呢？

给你的继任者写一封信

1. 使用这个练习重新规划你的议程：哪些是你的关键提升点？如果你今天接任这个岗位，你会如何去做？

2. 认真考虑你的领导创新：哪些需要改变？哪些需要新方法？

3. 要大胆而务实。采用有意义的领导策略，让你的团队取得进步，并用新方法来挑战他们。

你从这里去向何方?

我希望,你在掌控自己的领导力发展的同时能在本书中找到有用的想法。它们在提高你的领导技能方面效果如何呢?我敢肯定你从同事那里得到了很多正面反馈,这感觉不错。我希望你的上司也注意到了这些变化。我相信,这些新的领导行为会增加你的自信,你也一定可以应对前进路上的任何挑战。你比原来更加享受工作。这太棒了——我为你感到骄傲。提高领导力并不是一个简单的事情,因此你的确应该为自己一路所取得的进步感到自豪。这当然是一次旅行,你正在路上,而且没有尽头。自我发展需要纪律和投入,而且当我们忙碌起来或感到压力之时,它是第一件被我们置之一旁的事情。因此不要忽视你的发展,当工作繁忙时,也不要对它想当然——一定要坚持走下去。不要这样想:"好了,我今年使用了好几个技巧,可以休息一阵子了。"关键在于不断提升自己。你已经树立了发展的心态,所以要提醒自己掌握这些技能所带来的美好感觉。

谈到旅程,下一个曲折是什么呢?你如何保证前进的势头呢?

首先,每月拿出本书阅读(或再阅读)一些章节。不断地从书中寻找新的理念或技巧,然后与你的直接下属探讨如何付诸实践。如果你带领了一个管理团队,你或许要做一件事,团队成员每周一起阅读一个章节并展开讨论,用这本书来鼓励公司内的其他领导者提升他们的领导能力。你修炼自己的领导艺术的确不错——现在是时候把它传递给他人了。

第二,尽量把你的新行为变成日常行为。我发现最好的办法就是告诉别人你在做什么,然后寻求他人的反馈意见。说出你的意图,明确你将要提升的技能,让他人监督你。这个办法能帮助你巩固新行为。

第三,继续寻找机会把新技能添加到你的领导力工具箱当中。作为领导者,首先要善于识别,接着预测下一步的行动方向,然后再运用相应的领导方式。在领导力发展问题上,你要做自己的"前哨"。把改变当做一个机遇,使你的领导技能高人一筹。阅读本书的过程中,你就是在为自己做着改变。坚持下去!

第四,在公司里要向上看。如果你真的希望"突破并前进",就要密切关注更高层的领导者应该具备什么素质。他们是如何做事的?他们使用什么技巧?公司文化中哪些根深蒂固的行为是你需要采纳的?一旦你掌握了如何在更高的层次上来管理人,那么就开始制订计划打造高层领导者所需要的技能。下工夫提升领导艺术是件值得的事。猜猜会怎么样?如果你坚持学习,不断实践新的发展计划,梦想就会一步步实现。

最后,提醒自己你希望成为领导者的首要原因。你进入领导角色是因为你喜欢帮助别人完成卓越的工作。永远不要忘记,领导艺术要用来帮助他人取得成功或过得更好,帮助他们实现希望和梦想。你向大家证明，自己享受领导者这个岗位带来的义务，记住，其中之一就是成为不断学习和进步的楷模。

你从这里要去向何处？你希望去的任何地方，真的。因为你逐渐成为一个更加成熟、更加全面的领导者。你教会自己寻找反馈意见，更加有效地倾听，不断尝试新事物。你正逐步走出舒适圈，慢慢地接受了仆人式领导的理念。更重要的是，你成为了一个更出色的领导者，从而给他人的生活带来变化。结果终将证明，这次旅程绝不仅仅为了你——它也为了你的团队。这是一个相当伟大的目标，它将激励你通过不懈的努力来获得提升。

注　释

1.彼得·德鲁克,《自我管理》(《哈佛商业评论》,1999)。

2. 鲍勃·艾齐格尔，迈克尔·隆巴多,《领导机器》(明尼阿波利斯:Lominger Limited,2001)。

3. 汤姆·彼得斯，罗伯特·沃特曼,《追求卓越》(纽约:Harper Collins,1982)。

4.托马斯·弗里德曼,《世界是平的》(纽约:Picador,2007);马尔科姆·格拉德威尔,《引爆趋势》(波士顿:Little, Brown,2000)。

5.约翰·科特,霍尔格·拉斯格博,斯宾塞·约翰逊,《冰川在融化》(纽约:圣马丁出版社,2006);帕特里克·兰西奥尼,《团队领导的五大障碍》(旧金山:Jossey-Bass,2002)。

6.安迪·葛洛夫,《只有偏执狂才能生存》(纽约:Broadway Business,1999);卢·格斯特纳,《谁说大象不能跳舞？》(纽约:Harper Paperbacks,2003);比尔·盖茨,《未来之路》(上萨德尔里弗,新泽西:Pearson ESL,1999);杰克·韦尔奇,《赢》(纽约:Harper Business,2005)。

7.亚伯拉罕·马斯洛,《人类动机理论》(《心理学评论》,1943)。

8.弗里茨·海德,《人际关系心理学》(纽约:John Wiley & Sons,

1958)。

　9.弗雷德里克·赫茨伯格,《工作的激励因素》(纽约:John Wiley & Sons,1959)。

　10. 大卫·麦克里兰,《奔向成功的社会》(纽约:Free Press, 1961)。

　11.鲍勃·格林,《小镇往事》(纽约:Perenniel,2003)。

　12.哈斯顿·史密斯,《世界宗教》(旧金山:Harper One, 2009)。

　13. 迈克·阿伯拉肖夫,《这是你的船》(纽约:Business Plus, 2002)。

　14.摩根·麦考尔,迈克尔·隆巴多,安妮·莫里森,《经验的教训》(纽约:Free Press,1988)。

　15.尼古拉斯·普朗克,《工作表现和体力活动、心肺功能和肥胖之间的联系》(《职业与环境医学》,2004)。

　16. 吉姆·罗尔, 托尼·施瓦茨,《全情投入的力量》(纽约:Free Press,2004)。

　17. 诺尔·蒂奇,《领导引擎：公司常胜宝典》(纽约:Harper Collins,2002)。

致　谢

　　首先,我要感谢我的妻子莫琳以及我的三个孩子贝基、布雷特和马特,在我撰写本书的过程中,他们一如既往的给予我支持和耐心。你们是我最大的快乐源泉,我深爱着你们。莫琳做了大量的编审工作,因为我信任她的判断力有时更甚于相信我自己,我采纳了她的每一个建议。莫琳,感谢你一直以来给我的信任和鼓励。

　　接下来,我想感谢这些年来有机会共事的许多杰出的领导者。你们了解自己,也了解我对你们的感受。感谢你们教会我在管理的过程中能够心怀目标、待人公正、不断追求卓越。在提升领导力方面,楷模起到非常重要的作用,我有幸结识了几位。我还要感谢职业生涯中曾与我共事的团队成员们。名单太长,我就不一一提及了,他们造就了今天的我。感谢你们原谅我所犯过的一些错误,帮助我提升了领导水平。一路上遇见的许多人都曾对我产生深刻影响,我这些年来也有幸与一些非常出色的同事一起工作。

　　无疑,如果没有贝雷特-克勒出版公司优秀的工作人员对出版业的洞见,本书不可能成形。我要感谢杰文·西瓦萨布拉曼尼姆在此过程中的工作,黛安·普拉特勒赋予本书的外观和感觉,黛博拉·玛西及她的团队专业的编辑工作。特别感谢约翰娜·冯德琳,她从

272

开始一直监控这个过程,给了我无数宝贵的建议。约翰娜,我不知道没有你的指点,结果会是什么样,谢谢你对我的信任,让这本书最终变成现实。

最后,我要感谢我的妈妈和兄弟姐妹斯科特和乔,一路上给我的支持。学习有效领导从家庭开始,当我需要发挥领导力的时候,牢固的家庭观念为我打下了坚实的基础。妈妈,你一直是我的拥趸,感谢你在我需要的时候给予我的支持。

（京）新登字083号

图书在版编目（CIP）数据

领导力培养白金手册/〔美〕阿尼森著；柳青译. —北京：中国
青年出版社，2011.1
ISBN 978-7-5006-9767-1

Ⅰ.①领... Ⅱ.①阿...②柳... Ⅲ.①企业领导学
Ⅳ.①F272.91

中国版本图书馆CIP数据核字（2010）第253081号

北京市版权局著作权合同登记
图字：01-2010-3585

书名原文：Bootstrap Leadership

Copyright ©2010 by Steve Arneson

Copyright licensed by Berrett–Koehler Publishers

arranged with Andrew Nurnberg Associates International Limited

出版发行：中国青年出版社
社　　址：北京东四12条21号
邮政编码：100708
网　　址：www.cyp.com.cn
编辑部电话：(010) 57350520
门市部电话：(010) 57350370
印　　刷：三河市君旺印装厂
经　　销：新华书店
开　　本：700×1000　1/16
印　　张：18.25
插　　页：1
字　　数：160千字
版　　次：2011年1月北京第1版
印　　次：2011年1月河北第1次印刷
印　　数：1-10000册
定　　价：32.00元

本图书如有印装质量问题,请凭购书发票与质检部联系调换
联系电话：(010) 57350337